神解析！

西洋名畫中的新約聖經故事

杉全美帆子／著
李秦／譯

contents

前言

當你聽到《新約聖經》時，你認為書裡的內容是什麼呢？「是耶穌的故事吧？」或「是不是有寫到聖誕節的內容呢？」、「不是吧，這是宗教的書，所以寫的應該是關於神的事才對」等等，每個人都有不同的意見。

《新約聖經》與《舊約聖經》都是信奉耶穌基督的基督教正典。內容包含記載著耶穌的生平、復活到升天的〈福音書〉，記錄耶穌弟子們行動的〈使徒行傳〉，以及弟子所寫的〈書信〉，最後是關於世界末日預言的〈約翰啟示錄〉。

在日本，信仰基督教的人只有總人口的百分之一左右，所以大部分的人不知道《新約聖經》的內容也是理所當然的事。但是我想有很多人雖然不是基督教徒，不過為了理解西方文化與鑑賞西洋名畫，所以想要再多了解一些關於《新約聖經》的知識。

《新約聖經》是一本很複雜的書。福音書依作者的不同可分為四個版本，因此就算是描述同一件事，地點與登場人物等都可能有所不同。這種情況下如果有畫家為某個版本畫了名畫，那麼那個版本可能就會更廣為人知，有時也會採取融合後的形式。另外插圖的表現手法也會以名畫的呈現為準，而不是經過考據的內容。我在書中也有放入許多後人追加的故事（外典或聖人傳記），以及欣賞宗教畫作時所需的有用資訊。

基督教在歷經兩千年左右的歷史後，影響的範圍不只限於西方，對全世界都帶來很重大的影響。我們就一邊搭配著名畫，一起來了解基督教的正典《新約聖經》的內容吧。

《新約聖經》是什麼？

導讀人
施洗約翰

新約聖經與舊約聖經同為基督教的正典。是一本記載了耶穌所言所行的書。由相信耶穌為救世主的人們所撰寫。

「耶穌」是個什麼樣的人？

耶穌基督
Jesus Christ
（公元前6－4年左右
～公元30年）
「基督」……
希伯來文為「彌賽亞」。「受膏者」＝「救世主」的意思
「耶穌」……
希伯來文為「約書亞」。意為「主的救贖」，在當時為常見的名字。
父親・神
母親・聖母瑪利亞
養父・約瑟
出生於伯利恆
在拿撒勒長大
30歲左右時接受施洗約翰的洗禮
大約三年半左右的時間與十二門徒一起宣揚福音
33歲時被釘在十字架上
埋葬3天後復活，40天後升天
啟示錄中記載世界末日時會再度前來做最後的審判
耶穌說的是亞蘭語（加利利的語言）

「基督教」是什麼樣的宗教？

信奉耶穌為神之子、救世主的宗教。

是什麼時候撰寫的？

聖經被認為是在耶穌死後二十年，西元五十年左右到西元一百年之間所撰寫。在四世紀後期各種文書中挑選二十七卷作為正典。原書已遺失，只留下手抄本。

舞台為羅馬帝國時代！

安基利柯〈受難 The Crucifixion〉（部分）
1420–23年左右　大都會美術館　紐約

Q 聖經的內容是什麼？又是誰寫的？

由共計27卷書集結 新約聖經的構成

約翰啟示錄 ◂◂ **書信（21卷）** ◂◂ **使徒行傳** ◂◂ **福音書（4卷）**

福音書

記載耶穌的言論與生平事蹟的書。分別由4位福音執筆者所撰寫。

其他三人的內容都很相似，但是我寫的內容比較**獨特**。
最大的不同是**只有我跟馬太**有描寫耶穌的誕生。
沒有見過生前的耶穌
在耶穌死後30年我**最先**寫下福音！
雖然寫的都是耶穌的故事，但是**內容都有些許不同**。
十二門徒
十二門徒

④ 約翰福音 ← ③ 路加福音 ← ② 馬可福音 ← ① 馬太福音 依數字順序收錄

內容相似因此又稱為**共觀福音**

內容主要是彙整保羅口述的內容。

作者路加

使徒行傳

書裡記載耶穌升天後，門徒們傳道的事蹟等。

約翰的啟示錄

這本書充滿了謎團喔～

作者約翰

此書以寓言與象徵的方式描述世界末日時，耶穌會再次降臨並拯救人類。

書信

我寫了很多封信喔！

保羅

〈書信〉主要是保羅寫給各地教會與他的協助者，內容多為解決疑難問題，或是激勵對信仰不堅定的信徒。其他還有彼得與約翰等人的書信。

Q 《新約聖經》與《舊約聖經》有什麼不同？

兩者皆為基督教的正典

- 舊約聖經＝關於神與人之間的**舊契約**的書
- 新約聖經＝關於神與人之間的**新契約**的書

舊約聖經記載世界的起源到公元前六世紀左右，歷經幾萬年的（以色列人的）歷史……
舊約代表 摩西
十誡
相對的，新約聖經主要是記載耶穌個人的書籍。

舊約聖經的主角是沒人見過的神，而新約聖經的主角耶穌是人類！有很大的不同！

人物關係圖

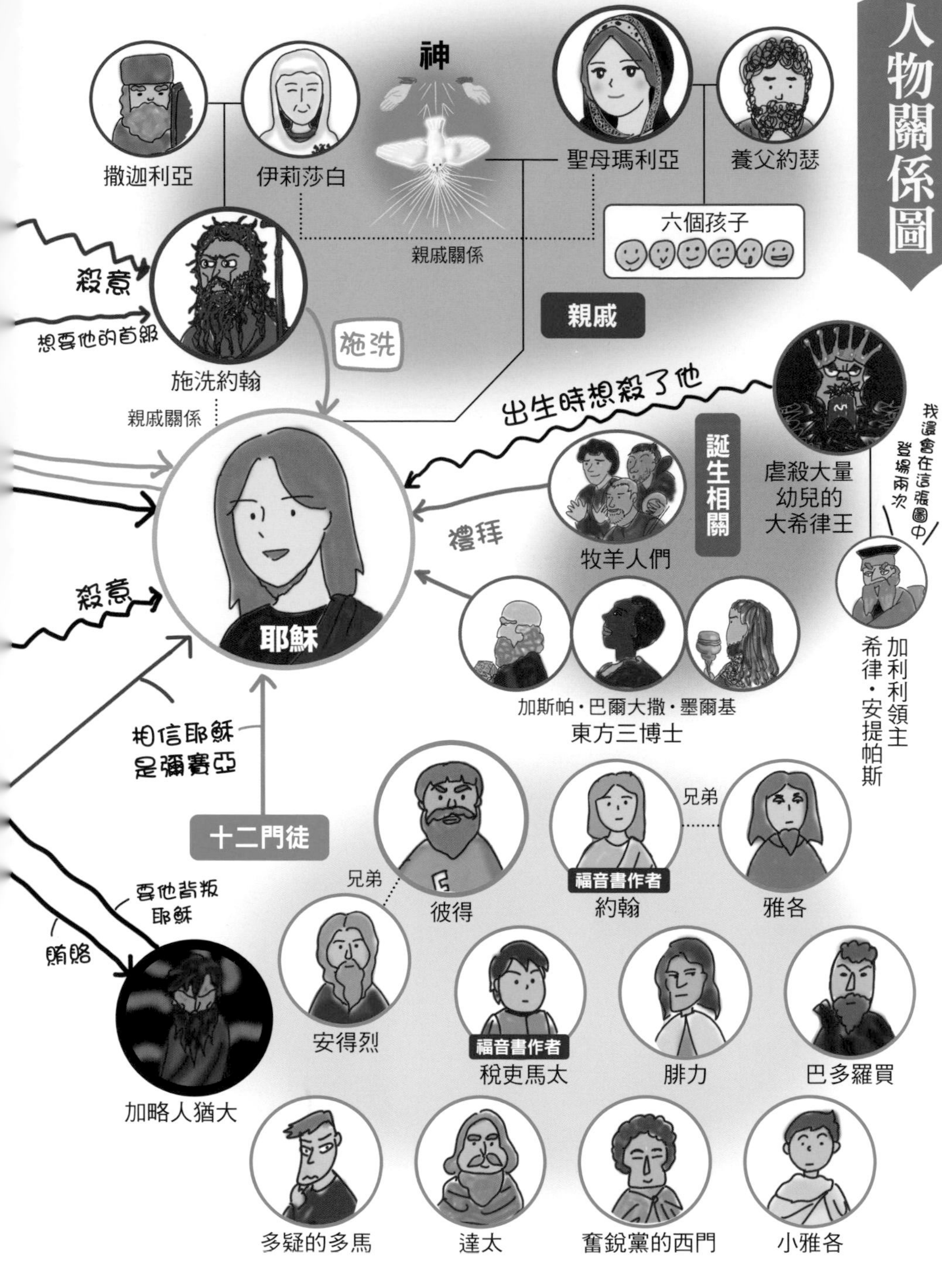

神
撒迦利亞
伊莉莎白
聖母瑪利亞
養父約瑟
六個孩子
親戚關係
親戚
施洗約翰
殺意
想要他的首級
施洗
親戚關係
出生時想殺了他
虐殺大量幼兒的大希律王
我還會在這張圖中登場兩次
誕生相關
牧羊人們
禮拜
耶穌
殺意
加斯帕・巴爾大撒・墨爾基
東方三博士
加利利領主希律・安提帕斯
相信耶穌是彌賽亞
十二門徒
兄弟
彼得
福音書作者
約翰
雅各
兄弟
安得烈
要他背叛耶穌
賄賂
加略人猶大
福音書作者
稅吏馬太
腓力
巴多羅買
多疑的多馬
達太
奮銳黨的西門
小雅各

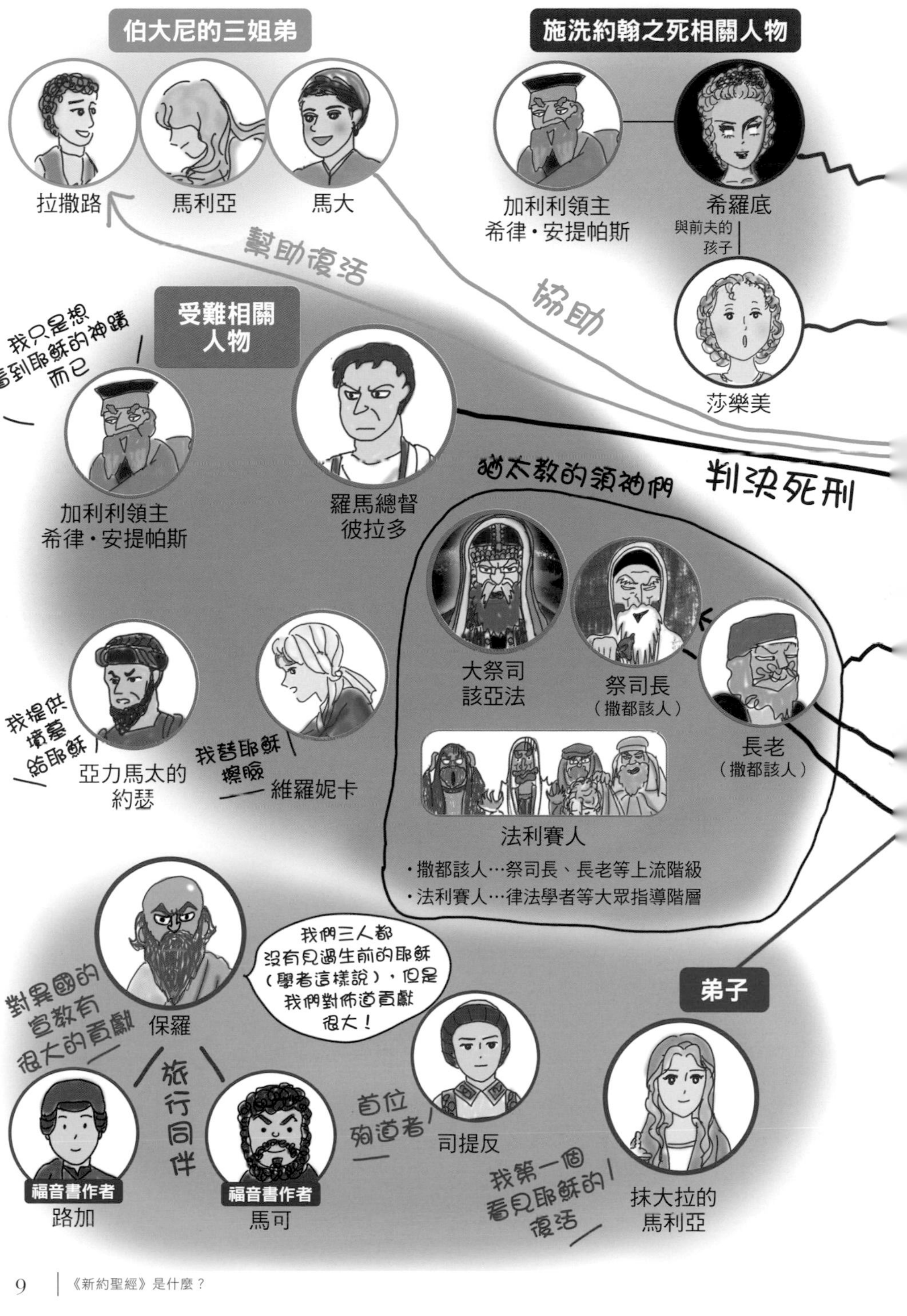
伯大尼的三姐弟
拉撒路
馬利亞
馬大
幫助復活
協助
施洗約翰之死相關人物
加利利領主
希律・安提帕斯
希羅底
與前夫的孩子
莎樂美
受難相關人物
我只是想看到耶穌的神蹟而已
加利利領主
希律・安提帕斯
羅馬總督
彼拉多
判決死刑
猶太教的領袖們
大祭司
該亞法
祭司長
（撒都該人）
長老
（撒都該人）
法利賽人
・撒都該人…祭司長、長老等上流階級
・法利賽人…律法學者等大眾指導階層
我提供墳墓給耶穌
亞力馬太的
約瑟
我替耶穌擦臉
維羅妮卡
我們三人都沒有見過生前的耶穌（學者這樣說），但是我們對佈道貢獻很大！
對異國的宣教有很大的貢獻
保羅
旅行同伴
福音書作者
路加
福音書作者
馬可
首位殉道者
司提反
弟子
我第一個看見耶穌的復活
抹大拉的
馬利亞

新約聖經的概要

第1章 耶穌的前半生

殺死所有伯利恆周圍境內的所有2歲以下男嬰！
氣勢
大天使加百列
哇～

某天，大天使加百列告訴瑪利亞她已懷上神之子。

原本瑪利亞的親戚伊莉莎白多年未能懷有身孕，但也懷上了孩子，瑪利亞聽聞後前去見她。之後伊莉莎白生下了施洗約翰。

滿月時，耶穌平安出生。但是馬上就遭受生命威脅，因此逃到埃及避難。

耶穌健康地長大成人。

第2章 耶穌的宣教時代

丟！

耶穌在三十歲左右時，接受施洗約翰的洗禮。接著經過荒野的修行後，他開始向人們傳授神的福音。

耶穌收了十二名弟子（十二門徒），與弟子們一同鼓勵弱者，治療生病的人，展現奇蹟，並在各地宣講。

聽到耶穌的話語而感動的人，以及見證奇蹟的人都開始相信耶穌就是「舊約聖經中預告前來的**救世主**」，但是猶太教的領導者們覺得地位受到威脅，因此開始憎恨耶穌。

第3章 受難・復活・升天

請拿樹枝
謝謝
是什麼樣的人呢!?
是拿撒勒來的預言者耶穌!!
歡迎你來
我也要~
我可以踩嗎?
謝謝

耶穌的佈道活動已經經過三年。對猶太教來說最重要的〈逾越節〉就要來臨，耶穌一行人前往耶路撒冷城。

祭司長們看到民眾熱情歡迎耶穌的情景後覺得倍受威脅，因此對耶穌產生了殺意。

在這之中，十二門徒中的猶大決心背叛耶穌。

耶穌與弟子們共進最後的晚餐，耶穌預言之後將會發生的事，並且做最後的宣講。

耶穌被逮捕，羅馬總督彼拉多判處耶穌死刑，耶穌被釘死在十字架後下葬。

死後三天，耶穌如預言般復活，並在四十天內出現在弟子們面前，耶穌述說神之國的預言後便升天。

第4章 弟子們的動向

取自〈使徒行傳〉

耶穌升天之後，十二門徒（有人遞補猶大的空缺）獲得聖靈之力。

於是彼得等人突然能夠說外國話，並且湧現出無盡的勇氣，讓他們得以向更多人宣揚耶穌的福音。

另一方面，猶太教的領袖（祭司長與法利賽的人們）認為這些行為是對律法與威權的挑戰，於是對立不斷加深，導致司提反成為第一位殉道者。

另外，保羅原本是個堅定的律法主義信者，但是在他聽見耶穌的聲音後便改信基督，多次遠赴他方宣教等，積極展開各種活動。

〈最後的審判〉

取自〈約翰福音〉

《新約聖經》中的最後一篇是〈約翰福音〉。作者是十二門徒之一的約翰。一般認為作者和寫福音書的約翰是同一個人（有各種說法）。

約翰以世界末日為主題，用難解的象徵與隱喻描述他所看到的異象。

關於世界末日時耶穌再次降臨，審判人類靈魂的〈最後審判〉，本書將會介紹相關畫作（P114-115）。

公元前 4-6 前半生
0
30左右 宣教時代
33 受難・最後的一星期
公元後
60 弟子們的動向
100

「新約聖經成立的時代」年表

50　100　150　200　250　300

一般史

和平的羅馬

五賢帝時代

- 30左右　耶穌遭處刑
- 64　羅馬皇帝尼祿迫害基督教徒
- 66　第一次猶太戰爭
- 132　第二次猶太戰爭　猶太人被趕出耶路撒冷
- 德西烏斯迫害基督教徒
- 303　戴克里先對基督教徒大迫害
- 313　君士坦丁一世發布米蘭詔書
  - 保障包含基督教的所有宗教的信仰自由
- 392　基督教成為羅馬帝國的國教

基督教宣教活動・新約聖經的相關事項

- 50左右　使徒彼得等人以口頭傳授耶穌的教導（沒有文字紀錄）
- ・馬可寫下第一個福音書
- ・路加、馬太、約翰各自寫下福音
- ・保羅傳道，寫下多封信件
- ・約翰的啟示錄
- 其他，留下許多文字紀錄
- 325　尼西亞公會議
- 367　確認《新約聖經》正典
  - 確定27卷文書為正典，其餘為外典

不需要文字紀錄！！你們只要聽身為直傳弟子的我所述說的耶穌福音就好　因為我說的一定是最正確的
丟
彼得
但是隨著時代變遷
果然還是需要留下文字
我來寫吧
馬可
那我也來寫吧
馬太
約翰
路加

對基督教來說《新約聖經》是不可或缺的書卷。但是，在第一本福音書（馬可著）誕生以前，距耶穌之死已經過了大約三十年，再到二十七卷文書確立為〈正典〉之前，又花了三百年以上的時間。

原因是耶穌生前並沒有親筆寫下任何著作。而且耶穌親近的門徒彼得等人在耶穌死後都把心力放在宣教活動上，他們認為用口頭傳授耶穌的教誨是最恰當的方式（也有可能是因為他們不識字）。

不過，慢慢地人們認為必須把耶穌的教導與行為用文字記錄下來，所以在西元一百五十年左右前有許多人撰寫文書。

在歷經曲折之後，西元四世紀中期正式選出二十七卷書，確立《新約聖經》的正典。

耶穌的生涯相關地圖

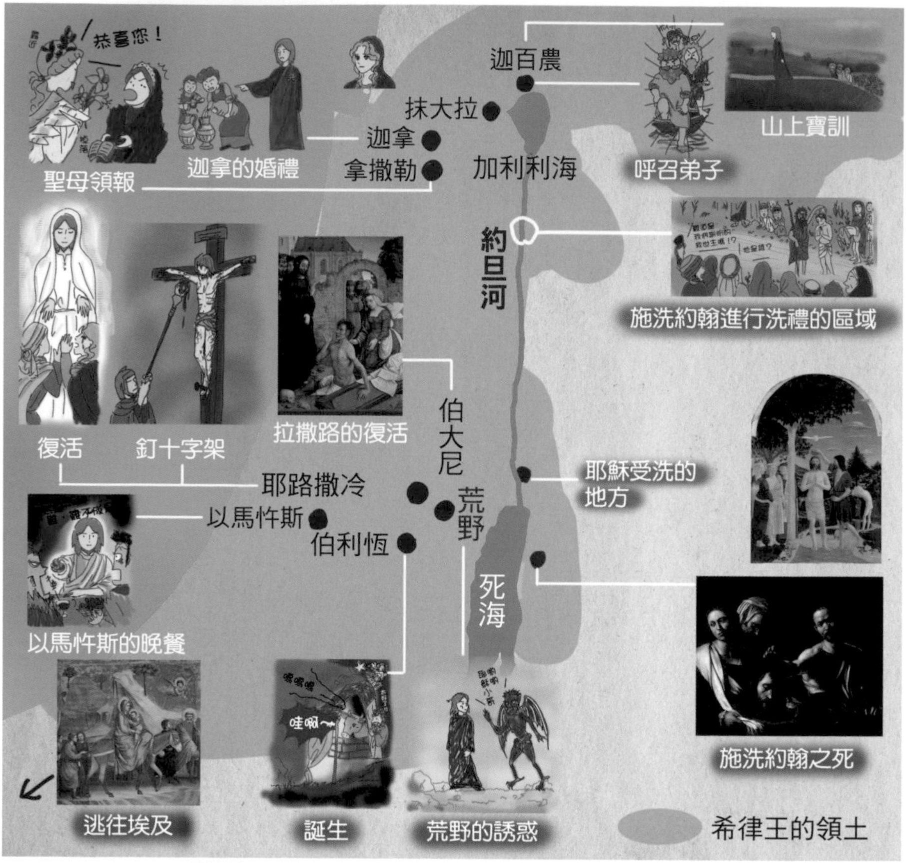
恭喜您！
聖母領報
迦拿的婚禮
迦拿
拿撒勒
抹大拉
迦百農
加利利海
呼召弟子
山上寶訓
約旦河
施洗約翰進行洗禮的區域
復活
釘十字架
拉撒路的復活
伯大尼
耶路撒冷
以馬忤斯
伯利恆
荒野
耶穌受洗的地方
死海
以馬忤斯的晚餐
逃往埃及
哇啊～
誕生
荒野的誘惑
施洗約翰之死
希律王的領土

新約聖經時代的地名

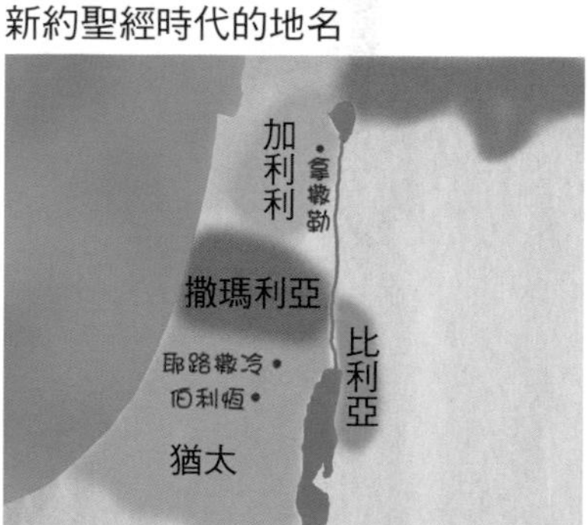
加利利
拿撒勒
撒瑪利亞
比利亞
耶路撒冷
伯利恆
猶太

現在的地中海周邊

義大利
希臘
土耳其
地中海
以色列
耶路撒冷
約旦
利比亞
埃及

第1章

耶穌的前半生

距今大約兩千年以前，
地中海一帶是
羅馬帝國的領土。
大希律王被羅馬賦予猶太王的稱號，
掌管整個以色列。
位於北部郊區的加利利，
一個名叫拿撒勒的小村莊中，
故事將在此展開。

梅姆林　〈基督的降臨和勝利〉　1480年　老繪畫陳列館　慕尼黑

聖母領報

大天使加百列告訴瑪利亞她已懷上神之子。

聖靈的象徵
白鴿

純潔的象徵
白百合…
翡冷翠的象徵

和平的象徵
橄欖枝…
西恩納的象徵

（天使拿著橄欖枝而非白百合，表示翡冷翠與西恩納的對立。這幅畫是為西恩納主教座堂而畫）

傳達神之聲的
大天使加百列

書中記載瑪利亞是預言中的聖母（以賽亞著）

西蒙尼・馬蒂尼
〈聖母領報〉（部分）1333年
烏菲茲美術館　佛羅倫斯

天使的話　“Ave gratia plena Dominus tecum”
「萬福瑪利亞，你充滿聖寵，主與你同在。」

拿撒勒的約瑟
木匠
耶穌的養父
比瑪利亞年紀大很多
沒有交代約瑟之死
大天使加百列
負責傳遞神的訊息的使者
聖母瑪利亞
與約瑟訂婚時以處女之身懷孕
耶穌的生母
生下耶穌後陸續生下6個孩子

1
神指派大天使加百列拜訪住在拿撒勒的瑪利亞，並轉告她某件事。
恭喜您！
你充滿聖寵。你將會產下一名男嬰。請將他取名為耶穌。
靠近
啊
掉落
2
驚訝的瑪利亞詢問天使。
我對男人尚一無所知，為什麼會發生這種事呢？
可是我跟木匠約瑟已經訂下婚約了……
我還沒有結婚……
3
天使這麼回答。
你的親戚伊莉莎白原本也不孕，現在已經懷有6個月的身孕……。
神是全能的。
如您所說……
怕～
4
約瑟發現未婚妻瑪利亞已有身孕，他驚訝地想解除婚約，但是天使在他的夢中顯現。
約瑟，不要怕，迎娶你的妻子瑪利亞吧。她肚子裡的是聖靈帶來的孩子。
好、好的！
猛然起身
還是取消婚約吧……
zzz

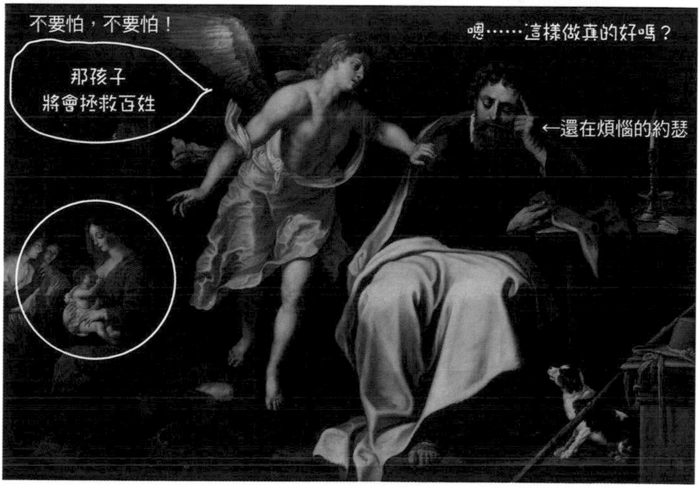
不要怕，不要怕！
那孩子將會拯救百姓
嗯……這樣做真的好嗎？
←還在煩惱的約瑟

這幅畫中
耶穌已經出生→

傑拉德・錫格斯
〈聖約瑟的夢〉
1625-30左右
藝術史博物館　維也納

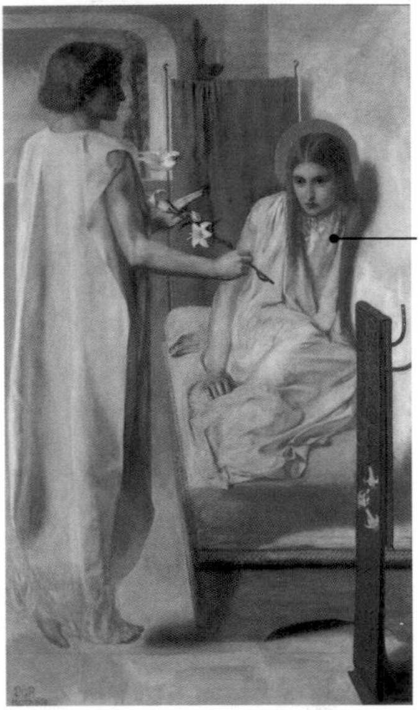

描繪得栩栩如生的瑪利亞，因突如其來的告知而心生動搖……

羅塞蒂　〈聖母領報〉　1850年
泰德不列顛　倫敦

與建築物相比，人物的比例很大，這是尼德蘭繪畫的特色，用大小比例表示登場人物的重要性。

揚・范艾克　〈聖母領報〉　1434-36年
國家藝廊　華盛頓

天使的話

AVE GRÃ PLENA
「你充滿聖寵」

ECCE ANCILLA DÑI
「我是主的使女」

瑪利亞為了讓上帝
更容易看見，所以是用
倒反的文字!!

地上的圖畫表示
耶穌屬於舊約聖經的系譜

〈參孫破壞神殿〉

〈大衛擊敗哥利亞〉

拜訪伊莉莎白

1 瑪利亞領報後，急忙前往拜訪懷孕的伊莉莎白。
伊莉莎白，好久不見了!!
聽到你的聲音 我肚裡的孩子也很高興呢
你跟孩子都是有福的
瑪利亞在伊莉莎白家待了三個月。

馬里奧托・阿爾貝蒂內利　〈聖母拜訪伊莉莎白〉
1503年　烏菲茲美術館 佛羅倫斯

2 產期到了，伊莉莎白產下一名男嬰，他就是之後的施洗約翰。
這孩子必須照神的旨意命名
一定要叫「約翰」
父親 撒迦利亞
命名
約翰

多米尼哥・基蘭達奧　〈施洗約翰的誕生〉　1486-90年
新聖母大殿　佛羅倫斯

3 約翰健康地長大成人。他在荒野生活，之後才再次出現在人們面前。
我走了～！
亂七八糟
蘆葦十字架
駱駝毛衣
皮帶
加油—
主食是蝗蟲

我在荒野中吃蝗蟲與野蜜維生

菲利普・利皮
〈對幼子耶穌的禮拜〉（部分）
1463年左右
烏菲茲美術館　佛羅倫斯

牧羊人的禮拜・東方三博士的禮拜

首先是牧羊人，接下來是東方三博士前來為救世主的誕生獻上祝福。

身穿藍色衣服，背上有藍色翅膀的是稱作智天使的高等級天使
告訴牧羊人們耶穌誕生的天使
光源不明的發光天使
馬廄的牛與驢子
養父約瑟
珊瑚髮飾是耶穌受難的象徵
將耶穌放在地上是謙遜的象徵

雨果・凡・德・古斯〈牧羊人的禮拜〉1477-78年左右 烏菲茲美術館 佛羅倫斯

東方三博士與禮物

老人・亞洲
加斯帕
（黃金）
壯年・非洲
巴爾大撒
（乳香）
青年・歐洲
墨爾基
（沒藥）
耶穌
牧羊人們

阿爾布雷希特・杜勒〈東方三博士的禮拜〉1504年 烏菲茲美術館 佛羅倫斯

1 瑪利亞產期將近時，皇帝奧古斯都下令全國人民登錄戶籍。

所有人都回歸各城做戶口登記！
第一任羅馬皇帝
奧古斯都

2 約瑟帶著瑪利亞從拿撒勒回到故鄉伯利恆。

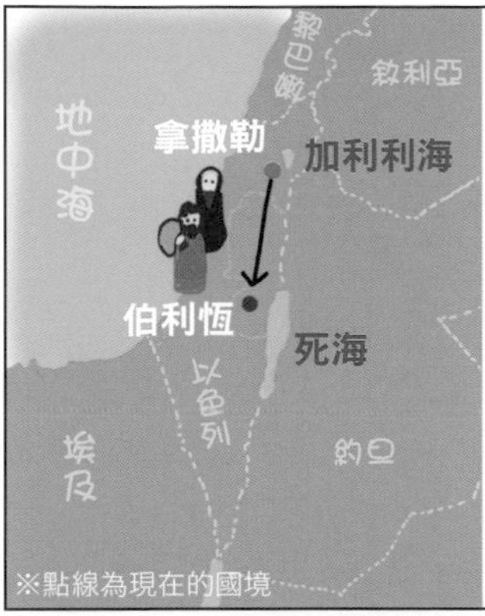
黎巴嫩
敘利亞
地中海
拿撒勒
加利利海
伯利恆
死海
以色列
約旦
埃及
※點線為現在的國境

3 他們雖然回到了伯利恆，卻找不到住宿的地方。那天夜裡，瑪利亞生下了一名男孩。

哇啊~
太好了!!

卡洛・馬拉塔 〈聖夜〉 1656年左右
德勒斯登國家藝術收藏館 德勒斯登

4 牧羊人們在半夜看守著羊群，突然天使出現，告訴他們耶穌的誕生。牧羊人們便急忙趕去見年幼的基督。

正前往禮拜的三博士隊伍

在大衛的城裡救世主誕生了！
代誌大條了！
天使大人……
抖~

多米尼哥・基蘭達奧 〈牧羊人的禮拜〉
1485年 新聖母大殿 佛羅倫斯

1 東方三博士在猶太的方位看到一顆新星，他們知道猶太人的王出現了，於是他們前往耶路撒冷去見國王。

一定有大事發生!!

2 大希律王跟東方三博士說，如果他們找到那孩子的話一定要通報。

這個彌賽亞似乎是在伯利恆出生的，你們找到他之後要告訴我，我也想去禮拜。
我們知道了
找到就要殺了他！

3 那顆特別大的星星指引著三博士，在耶穌出生的地方便停下。

絕對是這裡！

阿爾布雷希特・阿爾特多費〈基督的誕生〉1511年左右 畫廊 柏林

4 三博士各自為年幼的耶穌獻上禮物。

對基督教的王權致上敬意
乳香
死亡的預兆
沒藥
對基督教的神性致上敬意
黃金
墨爾基和
巴爾大撒
加斯帕

傾身趕路的博士們

這邊有記載博士的名字所以可以區分！

墨爾基和
+SCS BALTHASSAR +SCS MELCHIOR +SCS GASPAR
救世主
已出生
必須獻上祝福！
巴爾大撒
加斯帕

〈三位麥琪〉 565年左右 新聖亞坡理納聖殿 拉文納

有一種說法是三博士獻給耶穌的生日禮物就是聖誕禮物的由來（有各種說法）

豪華絢爛！金碧輝煌的〈東方三博士的禮拜〉

擠得水泄不通的隊伍

兩隻猴子
有豹！
這是什麼呢？
看起來很貴…
我們也……
摸摸
感謝…

想解開馬鐙的僕人

簡提列・德・菲布里阿諾〈東方三博士的禮拜〉
1423年　烏菲茲美術館　佛羅倫斯

祭壇・全圖

←祭壇畫（下擺繪畫）　由左至右為〈誕生〉、↑**〈逃往埃及〉**、〈神殿奉獻〉

5 三博士並沒有回去找大希律王，而是各自回去自己的國家。

我夢到有人告訴我「不要去大希律王那裡，直接回去」
怎麼辦？
我也夢到了
我也是。那就直接回去吧

6 大希律王在得知三博士直接回國後十分震怒。下達了一個恐怖的命令。

伯利恆及周遭所有2歲以下男嬰格殺勿論!!

逃往埃及

為了逃離大希律王的魔掌而啟程前往埃及。

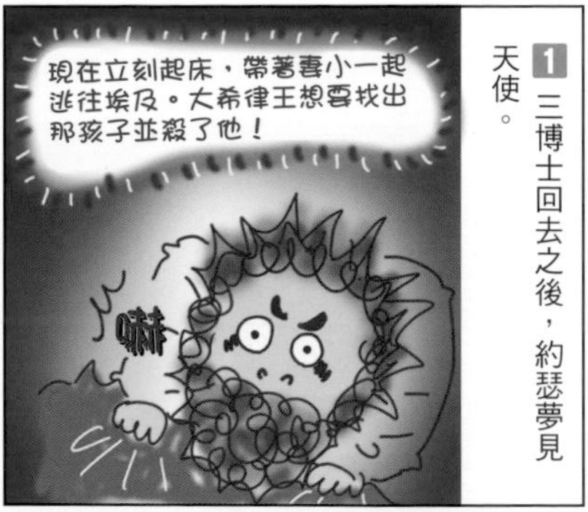
1 三博士回去之後，約瑟夢見天使。
現在立刻起床，帶著妻小一起逃往埃及。大希律王想要找出那孩子並殺了他！
嚇

2 約瑟跳了起來，那天夜裡便啟程出發。
在天使再次指示之前都不能回來了！
打包

來，往這邊走
表情嚴肅的瑪利亞已經做好覺悟
從古至今育兒必備的嬰兒背巾
走在前方的是養父約瑟

喬托 〈逃往埃及〉 1304-06年左右
聖馬利亞阿萊那禮拜堂 帕都亞

喬托所繪製的「側面的聖母瑪利亞」是劃時代的表現（在中世紀之前是不允許畫正面以外的「聖母瑪利亞」）。

為聖母子演奏音樂的天使
好的！
幫我拿好樂譜我才看得到喔！
♪♬♫
酣睡
一直工作的約瑟

喂～約瑟幫我拿樂譜（天使）
唉～真是的……
畫中也常出現休息的場面

卡拉瓦喬
〈逃往埃及途中〉
1594-96年左右
多利亞・潘菲利美術館 羅馬

幼兒虐殺

在伯利恆與其周邊的村莊，都因為大希律王的命令而進行「幼兒虐殺」。

2歲以下的
男孩格殺勿論!!

大希律王

喬托 〈幼兒虐殺〉 1304-06年左右
斯克羅威尼禮拜堂 帕多瓦

是最後一人嗎？

→充滿怨恨的母親們←

作者不詳 〈幼兒虐殺〉
1350年左右
大英圖書館 倫敦

↑所有人
都身首分離

→可憐的幼兒屍體堆積如山

割禮

耶穌在出生後第八天，接受猶太人的宗教儀式「割禮＊」。

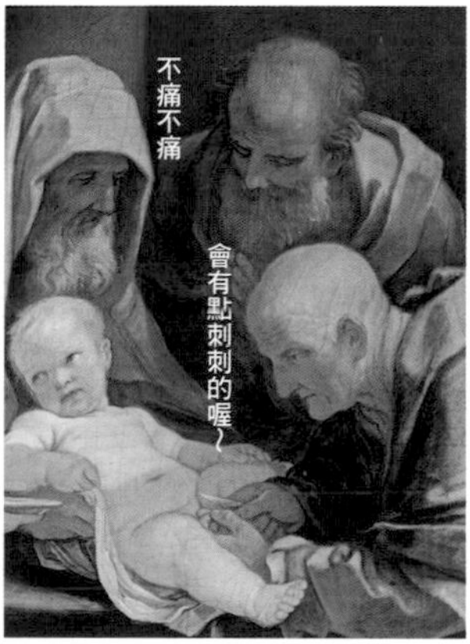
不痛不痛
會有點刺刺的喔~

圭多・雷尼 〈基督的割禮〉（部分）
1640年左右 聖瑪爾定堂 西恩納

痛痛……
割禮是一種
日本人不太熟悉的
宗教習俗，但現在
不只是猶太人，在世
界各地尤其是美國，
很多人都會幫嬰兒
割禮喔

＊割去陰莖上包皮的行為

獻耶穌於神殿

耶穌的父母遵從摩西律法，帶耶穌去耶路撒冷的神殿。在那裡他們遇到一位叫做西蒙的人，他看到耶穌後說：「他就是大家引領期盼的以色列救世主」，耶穌的父母聽聞後都驚訝不已。

天使告訴我，在見到救世主之前我都不會死。
能見到救世主我感到十分光榮。
哎呀
瑪利亞
西蒙

喬凡尼・貝利尼 〈神殿獻基督〉 1460年
奎利尼・斯坦帕里亞美術館 威尼斯

少年時期的耶穌

耶穌健康地成長為一個堅強聰明的孩子。

我從埃及
回到拿撒勒了
住在
拿撒勒
我是個充滿才華的孩子，
可以跟宗教學者們辯論
父母以木匠之子的方式培育我

耶穌幫忙正在工作的養父約瑟打光

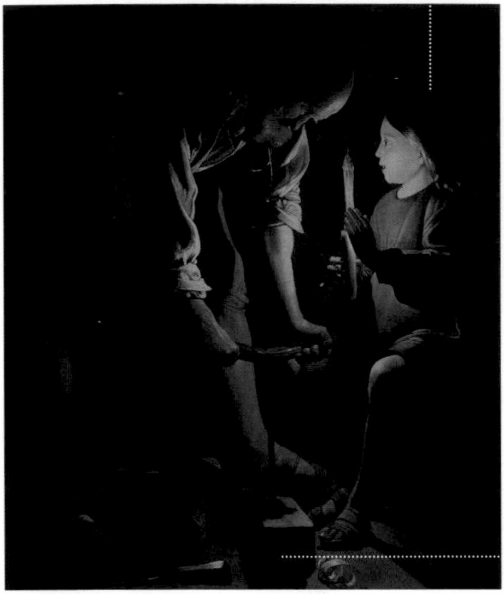

木材暗示釘十字架

拉圖爾　〈木匠聖約瑟〉　1640年左右
羅浮宮　巴黎

從耶穌手上傷口滴落的血
也沾到了腳上（暗示釘十字架）

鴿子（暗示聖靈）

施洗約翰
幫忙拿水來清洗傷口

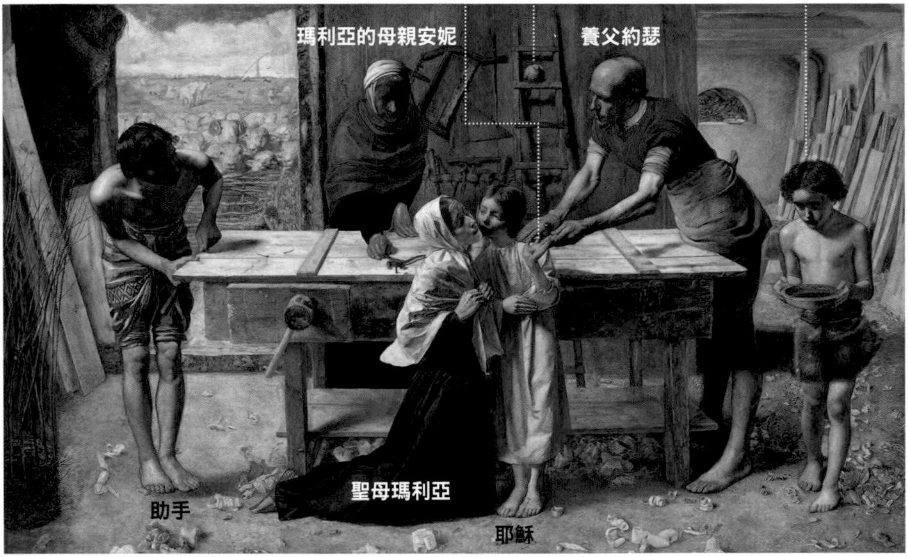

瑪利亞的母親安妮
養父約瑟
助手
聖母瑪利亞
耶穌

約翰・艾佛雷特・米萊　〈基督在父母家中〉1849-50年　泰德不列顛　倫敦

1 耶穌一家人如往年一樣和許多人一起到耶路撒冷過逾越節＊。然後在回程時，步行一天後突然發現耶穌不見了。
12歲
原本一起走的耶穌不見了
回家吧
2 耶穌的父母問遍所有親戚朋友都沒有找到耶穌，在三天後甚至回去耶路撒冷尋找。
你有看到我家孩子嗎？
沒有呢～
耶穌～～
你跑去哪裡了？
快回來啊～
3 結果耶穌竟然在神殿中和學者對談。周圍的人都對耶穌的才智感到驚訝。
說不過他啊～
4 母親瑪利亞質問耶穌為什麼會這樣做。
你到底在搞什麼啊！？你知道爸爸媽媽有多擔心嗎！？
好了好了……
←耶穌
5 耶穌說：
為什麼要找我？我在爸爸的家中不是理所當然的嗎？
神殿是爸爸的家……
你說什麼
我沒有被當作爸爸嗎……
耶穌的回答讓父母完全摸不著頭緒，但是瑪利亞卻一直把這件事放在心上。

委羅內塞〈耶穌在博士中〉1560年左右　普拉多美術館　馬德里

＊猶太教的三大節日之一，最重要的春祭會持續舉辦七天。各地的人們都會前往耶路撒冷進行聖殿巡禮。

新約聖經中人氣 NO.1的主題

聖母子

←有兩個天使在這裡唱歌！
從建築物的高度判斷聖母的身高
至少有十五公尺
媽媽好巨大
細膩描繪

揚・范艾克　〈教堂裡的聖母〉
1440年左右　畫廊　柏林

比起嬰兒的純真可愛，
我更重視
身為神之子的威嚴。
威嚴！
母子都很有氣勢～

喬托　〈聖母登極〉　1300-05年左右
烏菲茲美術館 佛羅倫斯

總算有可愛的
嬰兒登場
應該是很重的嬰兒
可是我抱得很輕鬆
正統派

拉斐爾　〈大公的聖母〉　1506年左右
帕拉提納美術館 佛羅倫斯

各種「圓潤」相互呼應！　額頭　胸部

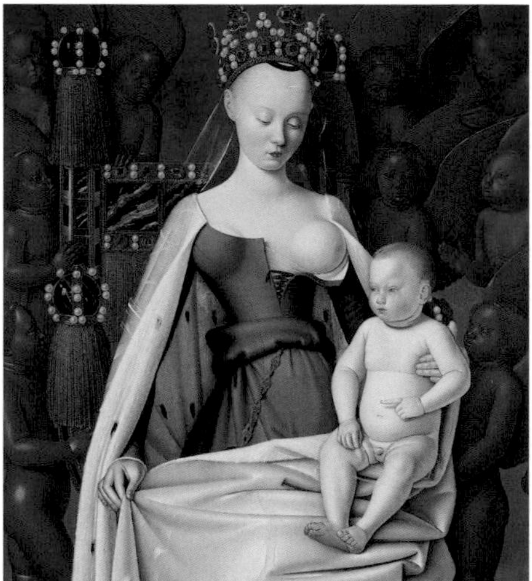
珍珠
天使的臉與屁股
不要漏看了藍天使！
耶穌的圓臉
個性派

尚・福凱　〈聖母子〉　1454-56年左右
皇家安特衛普美術館 安特衛普

聖母子與年幼的施洗約翰

拉斐爾　〈椅上聖母子〉　1513年
帕拉提納美術館　佛羅倫斯

呵呵
對吧ㄟ
你媽媽真漂亮

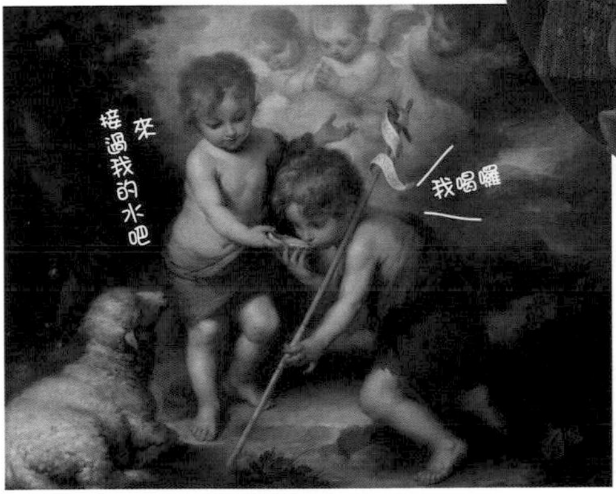
有一說法是兩人
為表兄弟（或遠親）
來接過我的水吧
我喝囉

牟利羅　〈幼兒基督與施洗約翰〉
1670年左右　普拉多博物館　馬德里

我們兩個的分辨方式
有「毛衣」、「蘆葦十字架」與「亂翹的頭髮」的是施洗約翰
年紀比較小
但是態度比較
高高在上的是耶穌

哎呀哎呀
親一
好孩子好孩子
抱

波提且利　〈聖母子與施洗約翰〉
1505年左右　帕拉提納美術館　佛羅倫斯

感謝
祝福！

李奧納多・達・文西　〈岩間聖母〉
1495–99年以及1506–08年　國家美術館　倫敦

聖母瑪利亞之母安妮與父親聖若亞敬

欣賞喬托的斯克羅威尼禮拜堂溼壁畫傑作

【外典】聖母瑪利亞傳

1304-06年左右
帕多瓦

❶ 被神殿趕出來的聖若亞敬

不需要你的奉獻！
給我滾出去！
好過分～淚

因為聖若亞敬膝下無子，所以神殿叫他拿回供品並把他趕出去。

❷ 聖若亞敬與牧羊人們

神殿不接受
我的供品，
太丟臉了
我沒臉回家…
大叔
你怎麼了？

聖若亞敬絕望地與牧羊人們在荒野徘徊。

❸ 天使對安妮報喜

你的願望
我們聽到了。
你將會懷孕。
我的孩子一生
都是神的僕人

多年不孕的聖若亞敬與妻子安妮接收到天使的受胎告知。

❹ 犧牲奉獻的聖若亞敬

←出現
神之手！
啊，這次願意
接收我的供品了！

聖若亞敬再次為神獻上供品，這次有收下。

❺ 聖若亞敬的夢

你的妻子將會
生下小孩！

聖若亞敬也收到天使傳來妻子懷孕的訊息。

❻ 在金門相會

太好了，太好了

夫妻倆在金門相會，他們很開心終於有孩子了。

故事從聖母瑪利亞父母的故事開始說起。瑪利亞也是接收神的預告而誕生的孩子。
文藝復興開創者
喬托

聖母瑪利亞的誕生

⑦ 瑪利亞誕生

安妮平安地生下瑪利亞。

不管哪個時代
生孩子都需要
勞師動眾。

聖母瑪利亞的神殿奉獻

⑧ 瑪利亞的神殿奉獻

瑪利亞3歲時，被父母帶往神殿，爬上15階的階梯。從今以後瑪利亞便住在神殿。

瑪利亞挑選夫婿・結婚

瑪利亞接下來的人生回到前頁的「聖母領報」與「耶穌誕生」

⑨ 求婚者的祈願

等待聖靈降臨→

瑪利亞14歲時，祭司為了幫瑪利亞挑選丈夫而召集了單身男子，並讓他們各自拿著手杖。結果木匠約瑟的手杖開花了。

緊張刺激

等待神意場景的繪畫
很稀有。

⑩ 瑪利亞與約瑟結婚

約瑟比瑪利亞年紀大很多，所以原本想要拒絕這樁婚事，但是最後還是決定遵從神意，與瑪利亞訂婚。

稍微將時間往後推… 聖母之後的故事

這是最後一次了～
來來去去的很辛苦
聖母瑪利亞──！

提香　〈聖母升天〉
1516–18年左右
聖方濟會榮耀聖母教堂　威尼斯

聖母升天

聖母瑪利亞的靈魂隨著黎明與肉體分離，在耶穌、天使與聖人們的相伴之下升天。下葬後三天，耶穌再次出現，瑪利亞的靈魂回到肉體，與天使們一起升天。

耶穌死後12年　聖母之死

母親您辛苦了
聖母也去世了……

雨果・凡・德・古斯　〈聖母之死〉　1475年左右
格羅寧格博物館　布魯日

天使預告瑪利亞的死亡，瑪利亞希望最後可以再見一次十二門徒，於是門徒們立刻乘雲來到瑪利亞身邊，見她最後一面。

我們兩個都很辛苦呢～
因為我的關係讓妳的人生過得那麼辛苦。
抱歉啦……

安傑利科　〈聖母加冕〉
1432年左右
烏菲茲美術館　佛羅倫斯

聖母加冕

聖母瑪利亞的靈魂升天後耶穌在天上迎接，並坐上最高榮耀的寶座。

第2章

耶穌的宣教時代

大希律王死後，
羅馬帝國的領土
被大希律王的三個兒子分割。
希律・安提帕斯（與父親同名）
成為加利利與
比利亞地區的領主，
但是沒過多久
羅馬決定直接統治，
於是羅馬直接
派一個總督前來管理。

羅希爾・范德魏登　〈施洗約翰的祭壇畫〉　1455年左右　畫廊　柏林

洗禮

猶太教中，有浸水或淋水的儀式。代表著淨化與再生。

從耶穌頭頂正上方降落的是象徵聖靈的鴿子
三位天使站在旁邊
水面像鏡面般照映出周遭的背景
為什麼耶穌前方是河底呢？

脫衣服的人描繪得很生動

皮耶羅・德拉・弗朗切斯卡
〈基督受洗禮〉
1437年以後
國家美術館　倫敦

典型的施洗約翰呈現方式
亂翹的頭髮
皮帶
駱駝毛衣
蘆葦十字架
赤腳

喬瓦尼・德爾・比翁多　〈施洗者的祭壇畫〉（部分）
1360年左右　烏菲茲美術館　佛羅倫斯

大約三十歲的耶穌
我也想請你替我施洗⋯
施洗約翰
不修邊幅的雜亂頭髮
鬍子
歡，歡迎您來。
蘆葦十字架
以賽亞著作中預言會出現的先知
耶穌的先驅
常與羔羊一起出現
駱駝毛衣
皮帶
幾乎都赤腳
為悔改的人施洗

耶穌的先驅，施洗約翰

耶羅尼米斯・波希　〈荒野中的施洗者聖約翰〉
1490年左右　拉薩羅・加爾迪亞諾美術館　馬德里

1 施洗約翰聽到神的話之後便開始傳道，群眾慕名而來。
你們這些毒蛇的子孫!!
你們應該悔改!!
天國近了!!

差不多要出發了嗎～？

2 聽聞福音的人紛紛告解自己的罪，並在約旦河中讓約翰受洗。民眾盼望著救世主。
那是誰？
該不會是救世主吧！？
是先知嗎？

這是施洗約翰
這是耶穌
我連幫他解鞋帶都不配
真的嗎？
聽說是救世主？

老彼得・布勒哲爾　〈講道的施洗約翰〉　1566年　布達佩斯美術博物館　布達佩斯

超人氣

關於施洗約翰

最容易辨認的聖人

像我這樣的是
傳统造型

杜喬 〈莊嚴的聖母〉（部分）
1308-11年 西恩納主教座堂附屬美術館 西恩納

也有這種
美少年版本…

安德烈亞・德爾・薩爾托 〈施洗約翰〉 1523年左右
帕拉提納美術館 佛羅倫斯

詭異程度第一名★
真不愧是達文西！
不被形式束縛

李奧納多・達文西 〈施洗約翰〉
1508-19年左右 羅浮宮 巴黎

很有在荒野
修行的感覺吧

艾爾・葛雷柯 〈施洗者聖約翰〉 1600年左右
舊金山美術館 舊金山

施洗約翰稱耶穌為「除去世人罪孽的神之羔羊」，所以常把他跟羔羊畫在一起

耶穌的洗禮

馬索利諾　〈基督的洗禮〉　1430年左右　卡斯蒂廖內奧洛納洗禮堂　倫巴底

1 民眾猜想施洗約翰是不是就是大家期盼的彌賽亞，但被約翰否定。

之後會有比我更優秀的人來。
您是不是才是……！
不敢當
啊

2 這時耶穌來找約翰，請約翰幫他受洗，但是約翰想勸退耶穌。

怎，怎麼會！我才是應該讓你為我施洗吧……！
希望你不要拒絕我
不、不、不、我不敢當！

3 耶穌接受洗禮，從水中起身。

我要倒囉
達文西畫

委羅基奧（部分為達文西繪）〈耶穌受洗〉　1470-75年左右　烏菲茲美術館　佛羅倫斯

4 這時，天空敞開，看見聖靈以鴿子之姿下降，天空中傳來聲音。

這是我的愛子，我所喜悅的。
喔

荒野的誘惑

惡魔用盡手段測試耶穌

1 耶穌受洗後，在聖靈的引導之下前往荒野，已斷食四十天。
嗚嗚……肚子好餓……
2 這時撒旦前來，並開始誘惑耶穌。
唷唷 耶穌小哥

誘惑 其一
你是不是肚子餓了呢？
你是神之子的話，應該可以命令石頭「變成麵包」吧！
人活著不能只靠麵包。而是為神說的話而活。
什麼~
頭上長角

胡安‧德‧弗蘭德斯〈荒野的誘惑〉1500年左右 國家藝廊 華盛頓

誘惑 其二
你是神之子的話，應該可以跳下去吧！
聖經上說神會命令天使幫助你
好像有認真讀聖經
不可以試探你的神。
也有這樣寫喔
什麼!?

波提且利〈基督的誘惑〉（部分）
1480-82年 西斯汀小堂 梵蒂岡

誘惑 其三
你拜我的話就給你全世界!!
繁華的世界與權力！
如何啊！
退下！撒旦!!
聖經說「只敬拜神，只服侍神」。
什麼～
撒旦離開後，天使們便來幫助耶穌。
耶穌與惡魔比城鎮大很多，是遵循中世紀的傳統「重要的事物比例要比較大」。
繁榮的西恩納城（畫家的出生地）

杜喬
〈山頂上耶穌的試煉〉
1308–11年
弗里克收藏館　紐約

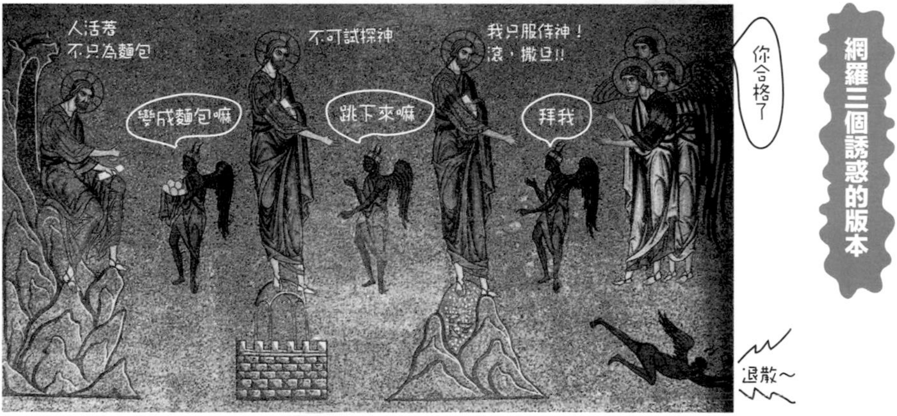
網羅三個誘惑的版本
人活著不只為麵包
變成麵包嘛
不可試探神
跳下來嘛
我只服侍神！滾，撒旦!!
拜我
你合格了
退散～

〈荒野的誘惑〉　馬賽克　12世紀　聖馬爾谷聖殿宗主教座堂　威尼斯

呼召弟子

耶穌從加利利回來後，便開始挑選弟子。

彼得與安得烈兄弟的故事

1 耶穌先找到在加利利湖捕魚的彼得與安得烈兩兄弟，並這樣對他們說。

你們跟我來。我要讓你們成為網羅人才的漁夫。
咦！

杜喬 〈召喚使徒彼得與安得烈〉 1308-11年
國家藝廊 華盛頓

2 兩兄弟立刻拋棄漁網，跟隨耶穌。

丟！

馬太的故事

在羅馬收稅的稅吏被猶太人所厭惡。法利賽人把他們當作是接觸異邦人的骯髒「罪人」。

1 過一陣子後，耶穌看到稅吏馬太坐在稅關上，便向他說：

跟隨我吧。

卡拉瓦喬 〈聖馬太蒙召〉 1600年
聖王路易堂肯塔瑞里小堂 羅馬

2 馬太立刻站了起來跟隨耶穌。

猛然站起
我要去

3 之後耶穌與弟子、稅吏與罪人一同用餐。這時候法利賽人*突然出現指責耶穌，

你為什麼要跟稅吏與罪人一起吃飯!?

4 於是耶穌這麼說。

我來此不是為了召集義人，而是為了召集罪人。
就像是病人才需要醫生對吧

＊法利賽人是舉著嚴格的律法主義大旗，猶太人的領導者。
中間知識分子出身的律法學者多屬法利賽人。與撒都該人並列猶太教兩大勢力。

十二門徒

耶穌挑選的十二名弟子。他們與耶穌一同行動，並且在耶穌死後繼續宣揚福音。

西諾萊利
〈耶穌與十二門徒〉
1512年左右
主教座堂美術館　科爾扎納

加略人猶大
負責會計。為三十塊銀幣背叛耶穌，而後上吊自殺。

奮銳黨的西門
原為猶太教的激進團體「奮銳黨」的成員。

達太（猶達·達陡）
幾乎沒有任何資訊。

小雅各
人稱被遺忘的門徒，沒有留下讓人印象深刻的紀錄。

多疑的多馬
一直不相信耶穌復活

馬太
原為稅吏。耶穌直接招攬的門徒。福音書作者。

雅各
在船上整理漁網時，與約翰一起被耶穌呼召。為門徒中的第一位殉道者。

腓力
早期的弟子之一。

約翰
最初的門徒成員之一。門徒中年紀最小的一位。福音書，約翰啟示錄的作者。最受耶穌喜愛。壽終正寢。

彼得（西門）
像是門徒領導者般的存在。一號弟子。原本為漁夫。耶穌給彼得「天國的鑰匙」。第一任羅馬教宗。

安得烈
彼得的弟弟。與彼得一起被耶穌呼召。原為漁夫。被釘X型十字架殉教。

拿但業（巴多羅買）
被活生生剝皮而殉教。

耶穌在這裡

委羅內塞　〈迦拿的婚禮〉　1563年　羅浮宮　巴黎

耶穌的宣教與奇蹟

受洗後三天，耶穌在迦拿的婚禮中第一次展現神蹟。在這之後親眼看見耶穌各式各樣神蹟的人們，便開始認為耶穌就是救世主。

迦拿的婚禮

1 在加利利一個叫迦拿的地方將舉辦一場婚禮，聖母瑪利亞、耶穌與弟子們都受邀參加。
我兒子跟他夥伴都有來呢。
2 過沒多久，宴席不可或缺的葡萄酒卻沒了。
傷腦筋了～
要不要請我兒子想辦法呢……。
哇～已經沒了～～
3 瑪利亞去找耶穌，結果耶穌這麼回答。
葡萄酒好像已經沒了……。
婦人，這跟我與你有什麼關係呢？我的時候未到。
雖然他的反應很冷淡……
如果他來說了什麼的話請照辦。
好的

4 耶穌過來指示僕人。
你們在瓶子裡裝滿水。
再把水倒出來
給宴會的服務生。
是！

5 服務生試喝變成葡萄酒的水。
這，
這個是……!!!
呵呵，
他還是幫我了嘛

喬托〈迦拿的婚禮〉1304-06年
斯克羅威尼禮拜堂　帕多瓦

6 不知道葡萄酒由來的負責人對新郎這麼說：
一般都是先上好酒，
等大家都醉得差不多時再上劣酒，
你竟然把這麼好的葡萄酒放在壓軸啊！
拍拍
你真大方啊!!
對你刮目相看了！
了不起！
你在說什麼？

7 見證神蹟的弟子們開始信耶穌。
竟然把水變成酒……
太厲害了～!!

↓新娘
你看，他還是
有幫我想辦法
來，把水裝滿這個水瓶
這什麼？
不是水嗎？
算了，
先來一杯吧……
遵命！

瑪爾騰・德・沃斯
〈迦拿的婚禮〉
1596-97年
聖母主教座堂　安特衛普

治病

耶穌在各地展現各式各樣的奇蹟。

治療盲人

杜喬　〈治療盲人〉　1307-11年
國家美術館　倫敦

1 有兩位盲人來找耶穌。
大衛的子孫啊，請憐憫我們。
相信我可以做到嗎？
是的，我的主

2 耶穌碰觸他們的眼睛，兩人就能看見了。
我會照你們相信的去做。
唷!?

3 耶穌交代他們不要宣揚出去，但兩人還是在地方上將耶穌的神蹟傳出去。
不要讓其他人知道這件事。
我能看見了～大家快聽我說～
喂！我才剛說完……

寡婦的兒子死而復生

某個寡婦的獨生子去世了，抬棺出去時耶穌剛好經過。耶穌起了憐憫之心，便碰觸棺材說：「年輕人啊，起來吧」。於是已死的年輕人便起身開口說話。

這位美女是單親媽媽
死而復生的兒子在這裡→

委羅內塞　〈耶穌復活寡婦之子〉　1565-70年　藝術史博物館　維也納

山上寶訓

耶穌在加利利中四處奔走宣講，治療各種疾病。〈山上寶訓〉是耶穌對跟隨他的民眾講述他核心思想的重要場面。

1 耶穌的風評傳開後，群眾們都聚集過來。耶穌為了讓那麼多人可以聽到他講道，因此爬到小山上，弟子們也坐在旁邊。

2 耶穌開始對弟子與群眾講道。

安傑利科與其他人
〈山上寶訓〉　1438-52年
聖馬可美術館
佛羅倫斯

- 虛心的人有福了，因為天國是他們的。
- 哀慟的人有福了，因為他們必得安慰。
- 謙和的人有福了，因為他們必承受地土。
- 飢渴慕義的人有福了，因為他們必得飽足。
- 憐憫人的人有福了，因為他們必蒙憐憫。
- 清心的人有福了，因為他們必得見神。
- 使人和睦的人有福了，因為他們必稱為神的兒子。
- 為義受迫害的人有福了，因為天國是他們的。

其他還有「要愛你們的仇敵」、「有人打你的右臉，連左臉也給他打」等名言。
福音書作者
路加
馬太

耶穌平息暴風雨

弟子們親眼見過連大自然都順從耶穌的樣子後，便加深了對耶穌的敬畏。

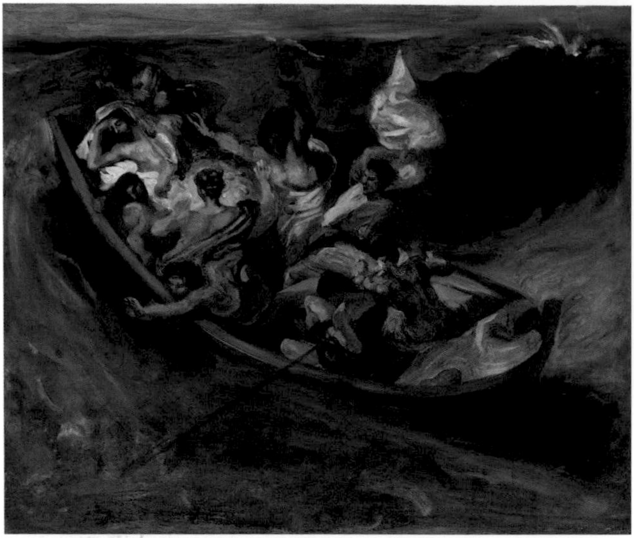

德拉克羅瓦 〈暴風雨中〉 1841年 納爾遜-阿特金斯藝術博物館 堪薩斯城

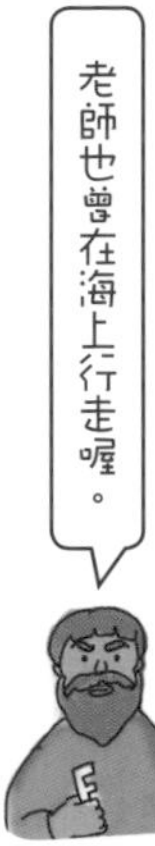

老師也曾在海上行走喔。

1 那一天也有很多群眾，耶穌計畫航渡加利利海。
往對岸前進。
許多群眾聚集
了解
2 突然強風吹起，風雨交加十分危急。弟子們怕船翻覆，因此向耶穌求救。
轟轟轟
睡著了
老師！！我們溺死你也無所謂嗎？
嗚哇
3 耶穌突然跳起來，訓斥風與海。
安靜！給我平靜下來！
4 於是風暴平靜下來了，海上風平浪靜。
你們在害怕什麼？難道不相信我嗎？
他到底是什麼人？竟然連風與海都聽他的……
生氣了
慘了

施洗約翰之死

施洗約翰被希律・安提帕斯捉捕入獄。

菲利普・利皮　〈希律的宴會〉　1452-65年　普拉托主教座堂　普拉托

接過首級的莎樂美
在跳舞的莎樂美
將首級獻給母親的莎樂美

1 施洗約翰批評希律・安提帕斯娶了弟弟的妻子希羅底，因而入獄。
與弟弟（還健在）的妻子結婚是不合律法的行為！

2 雖然希羅底希望能立即處決施洗約翰，但是希律・安提帕斯害怕施洗約翰是「聖人」而遲遲不敢下手。
快點處決他
嗯……但是他有很多支持者，而且說的話也很有道理……
加利利領主希律・安提帕斯

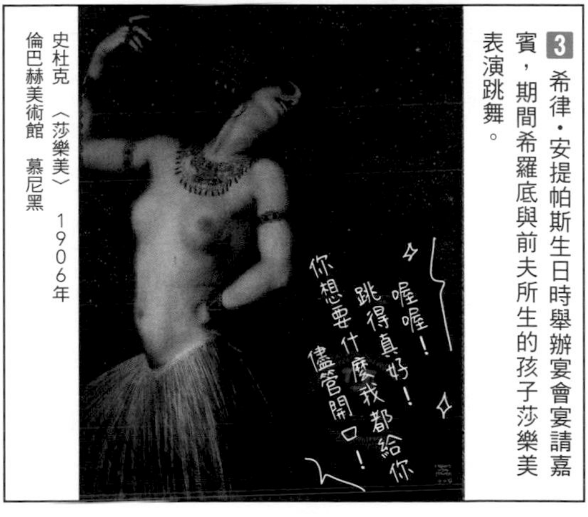

3 希律・安提帕斯生日時舉辦宴會宴請嘉賓，期間希羅底與前夫所生的孩子莎樂美表演跳舞。
喔喔！跳得真好！你想要什麼我都給你儘管開口！

史杜克〈莎樂美〉1906年
倫巴赫美術館　慕尼黑

4 莎樂美不知道該要求什麼獎賞，於是便尋問母親。
施洗約翰的頭!!
希望您能立刻將「施洗約翰的首級」放在盤子上送我。

5 希律・安提帕斯雖然很不情願，但是在眾多來賓面前，只好命令衛兵斬首施洗約翰。

卡拉瓦喬　〈被斬首的聖施洗者約翰〉（部分）　1608年　聖若望主教座堂　馬爾他

姆姆姆…
沒辦法……
砍下施洗約翰的頭顱！
遵命

6 莎樂美用盤子接過約翰的首級。

接下來
要送去給母親。

卡拉瓦喬
〈莎樂美與施洗者約翰的頭〉
1607年左右　國家美術館　倫敦

7 希羅底看到施洗約翰的頭顱感到十分滿足。

呵呵呵

盧卡斯・克拉納赫（父）　〈希律王的饗宴〉　1531年
沃茲沃思學會　哈特福

彼得的信仰告白

1 耶穌問弟子們：「人們都說我是誰？」
以利亞之類的
也有人說是施洗的約翰死而復生
或是耶利米
不是！
你是彌賽亞！是神之子！！

你是有福的。你是彼得（岩石）。我要把我的教會建在這個磐石上。我要授與你天國的鑰匙。
不要跟別人說我是彌賽亞。
是的——!!
佩魯吉諾　〈鑰匙交付聖彼得〉　1481-82年
西斯汀小堂　梵蒂岡

2 之後耶穌開始預言自己的死與復活。
我現在要前往耶路撒冷，我將受到祭司長與律法學者的折磨並且被殺害，但是我會在三天後復活。
主啊，這樣太過分了！我們怎麼可以允許它發生！
不要去！

3 對於彼得的勸阻，耶穌這麼說：
撒旦!! 給我退下！
不要妨礙我
啊哇哇
怕
想跟隨我的人就當成捨己，背負自己的十字架跟從我吧。

耶穌顯聖容

1 六天後，耶穌只有帶著彼得、雅各與約翰登上高山。耶穌的臉有如太陽般閃耀，身上的衣服潔白如光。忽然從天上傳出了聲音。
這是我的愛子。我所喜悅的。你們要聽他的。
先知以利亞
〈十誡〉的摩西
咿～～
安傑利科　〈基督顯聖容〉
1438-52年左右　聖馬可美術館　佛羅倫斯

2 弟子們抬起頭，只見耶穌在那裡。之後他們便下山。
起來。不要害怕。
你們今天的所見所聞，在我復活之前不要跟任何人說。
復活？是什麼意思……

納神殿稅

馬薩喬 〈納稅銀〉 1427年 布蘭卡契小堂 佛羅倫斯

1 耶穌與弟子們來到迦百農時，神殿稅的徵稅人來了。
你們的老師不納稅嗎？
納稅。
2 彼得進了耶穌的房子，耶穌問道：
世上的君王向誰收稅呢？是向自己的兒子收稅？還是向外人收稅？
彼得，你認為呢？
向外人收稅。
3 於是耶穌這麼說：
那麼，神之子就可以不用納稅了。不過，你還是去海邊釣魚吧。你釣到的第一隻魚嘴裡應該會有銀幣。用那個錢繳你我的稅吧。
老師在抱怨嗎？
是
為了不要觸犯他們。
4 彼得照耶穌說的話做。
啊！第一隻魚的嘴裡真的有銀幣！
我納稅了喔。
收到了。

耶穌為小孩祝福

耶穌喜歡小孩。

1 耶穌講道時，有許多人帶小孩來見耶穌。

可以請耶穌
幫我的孩子祝福嗎？

2 但是弟子們責備了那些人，耶穌制止了他們。

讓孩子來我這裡。
不要禁止他們。

卡爾・海因里希・布洛赫
〈基督與孩子們〉　1800年左右
腓特烈堡國家歷史博物館　希勒勒

3 耶穌將小孩抱起，並按手禱告。

4 接著他這麼說：

如果不像個孩子一樣
接納天國的話，
那你就進不了天國。
原來他喜歡小孩……

盧卡斯・克拉納赫（父）　〈基督為孩子獻上祝福〉　1535-40年　瓦維爾主教座堂　克拉科夫

行淫之女

看不慣耶穌言行的法利賽人想要陷害耶穌，耶穌用一句話讓他們無言以對。

1 一早，耶穌準備在神殿為民眾講道時，一些法利賽人與律法學者帶了一位女子過來，向耶穌問道：
老師!!
這個女人犯通姦罪時被抓了！律法上說可以用石頭把這種人打死，你說該怎麼辦呢？

2 耶穌卻蹲在地上不發一語，用手指在地板上寫字。
你有在聽嗎？
回答我們啊
什麼？什麼？

3 他們不斷質問耶穌，所以耶穌只好起身說：
你們當中誰沒有罪的，就可以先拿石頭丟他！
說完後，耶穌又繼續蹲在地上寫字。

羅倫佐・洛托　〈行淫之女與耶穌〉　1530–35年　羅浮宮　巴黎

4 聽了這些話後，眾人一個接一個離去。
咕！

5 只剩下女子與耶穌。
那些人去哪了？沒有人定你罪嗎？
主啊，沒有。
我也不定你的罪。你走吧，從此不要再犯錯了。
謝謝您……

馬大與馬利亞

耶穌與住在伯大尼的馬大、馬利亞與拉撒路三姐弟很親近。

1 耶穌與弟子們經過伯大尼時，馬大招待他們來自己家裡。
請來我家坐坐吧。
喔，這樣嗎？那我們就接受你的好意了……

2 為了招待耶穌一行人，馬大忙進忙出，但是他的妹妹馬利亞卻坐在耶穌腳邊聽他說話。
和坐著的耶穌談話的妹妹馬利亞
什麼嘛，都只有我一個人在做事！馬利亞都不過來幫忙！

維拉斯奎茲〈屋裡馬大和馬利亞跟基督在廚房的一景〉1618年 國家美術館 倫敦

3 忍無可忍的馬大向耶穌訴苦。
主啊，只有我在為招待做準備，不覺得這樣很奇怪嗎？請叫我妹妹來幫忙吧！

4 耶穌這麼回答：
馬大，馬大，你為許多事而煩惱，但是真正必要的只有一件事。馬利亞已經做了對的選擇，不能剝奪它。
你、你說什麼？
你看吧

維梅爾〈在馬大與馬利亞家的基督〉1654-56年 蘇格蘭國家畫廊 愛丁堡

拉撒路的復活

馬大與馬利亞的弟弟拉撒路死後四天，耶穌幫助他復活了。許多人因此信耶穌。

害怕屍臭的女性們
跪下感謝耶穌的馬大與馬利亞姊妹

喬托　〈拉撒路的復活〉　1304-06年左右　斯克羅威尼禮拜堂　帕多瓦

1 耶穌接到好友拉撒路的病危通知後，並沒有立刻去探望他。
拉撒路好像生病了。
咦？他還沒死……
這個病不會以死亡為結束。是為了神的榮耀。
不用擔心，相信我吧。
2 當耶穌到達伯大尼時，拉撒路已經下葬四天了。
主啊，如果您當時在這，我的弟弟就不會死了
信我的人，死了也會復生。信我的人絕對不死。你相信嗎？
我相信你是神之子。
馬大
3 看到馬利亞哭，耶穌也流下了眼淚。接著他來到拉撒路的墓，並叫人把石門移開。
把那塊石頭移開。
主啊，他現在應該很臭了。
還是放棄吧……
馬大
妹妹 馬利亞
4 聽到耶穌的命令後，拉撒路手腳裹著布從墳墓裡走了出來。
拉撒路出來
真的假的……
好的

胡安・德・弗蘭德斯〈拉撒路的復活〉1519年　普拉多美術館　馬德里

在伯大尼受膏

馬利亞為了感謝耶穌讓弟弟拉撒路復活，因此用昂貴的香膏塗抹在耶穌的腳上。

迪里克・鮑茨　〈基督在西門家〉　1460年左右　畫廊　柏林

1 在逾越節開始的前六天，往耶路撒冷前進的耶穌一行人被招待去馬大家用晚餐。他們又再次見到馬大與復活的拉撒路等人。
拉撒路
已經康復了
太好了
馬大
馬利亞

2 大家在餐桌上就坐時，馬利亞拿來非常昂貴的哪噠香膏塗抹在耶穌腳上，並且用自己的頭髮擦拭。

委羅內塞〈基督在西門家〉（部分）1570年　布雷拉畫廊　米蘭

3 加略人猶大看到之後就責備馬利亞的行為。
為什麼不把這個香膏賣了救濟窮人呢？
不可以指責這個人。因為他是為我的安葬所準備的。
猶大→
這話不是為了窮人著想，是因為他是竊賊，拿著主的錢包想中飽私囊。

4 耶穌因為幫拉撒路復活而聲名大噪。眼紅耶穌的人便開始計畫要殺了他。
那就是死而復生的拉撒路！好厲害～
這男人展現了那麼多的奇蹟。這樣下去大家都會信他。
法利賽人

聖經中的女性與「抹大拉的馬利亞」

——原本應該是說別的女性的故事，
但是卻都當作抹大拉的馬利亞

- 行淫之女 ⟶ (P.52)
- 原為妓女但是後來洗心革面的女人
- 將哪噠香膏滴在耶穌頭上的女人
- 將香膏塗在耶穌腳上並用頭髮擦拭的女人

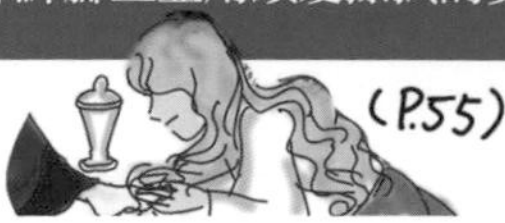
(P.55)

耶穌的身邊有很多位馬利亞

我是媽媽

聖母瑪利亞

我們是耶穌的朋友
↑姊姊馬大

伯大尼的馬利亞

親眼看見耶穌被釘十字架的女性也有很多位馬利亞

羅索・菲奧倫蒂諾 〈降下十字架〉（部分）
1521年 沃爾泰拉美術館 沃爾泰拉

可能曾經親眼看見
耶穌被釘十字架的女性

- 聖母瑪利亞
- 抹大拉的馬利亞
- 聖母瑪利亞的姐妹
- 小雅各與約西的母親馬利亞（撒羅米？）
- 革羅罷的妻子馬利亞

耶穌的宣教活動初期便有許多女信徒，有名字的信徒幾乎都叫作「馬利亞」，到了後期就變得十分混亂。

「聖母瑪利亞」是耶穌的母親，所以是真實存在的人物，問題在於其他的女性與「抹大拉的馬利亞」。

在聖經裡出現「抹大拉的馬利亞」的章節，只有〈耶穌趕走七個惡靈〉、看耶穌被釘十字架與復活的部分而已。

但是，在過了許多年之後，漸漸地就把行淫之女、為耶穌的腳塗抹香膏、在耶穌頭頂滴上香膏，以及原為妓女之後悔改的女性都當成是「抹大拉的馬利亞」。

抹大拉的馬利亞時常被當成作畫主題，因此有許多畫作誕生，抹大拉的馬利亞通常都被描繪成一名迷人的美女，而且在反省的樣子。這都是因為把誤會直接畫成繪畫的緣故。

抹大拉的馬利亞

迷人的美女
豐盈的金髮
香膏壺
克里韋利〈抹大拉的馬利亞〉 1480年左右 阿姆斯特丹國家博物館 阿姆斯特丹

很多人把其他故事情節加在我身上
但我並不是妓女
抹大拉出身
耶穌幫我趕走七個惡靈
在耶穌宣教的早期階段就加入了
看見耶穌受十字架之刑
在打算幫耶穌的遺體抹上香膏時便看見耶穌的復活
有一說是我在耶穌死後為逃離迫害，逃去馬賽郊外的洞窟生活
象徵物是香膏壺與頭骨

馬利亞在普羅旺斯與馬賽是改過自新的女性、美容師、梳子師傅、製作香料的職人的守護聖人

充分表現出悔改妓女的版本
我才不是妓女
提香〈悔改的抹大拉馬利亞〉 1531-35年 帕拉提納美術館 佛羅倫斯

其他馬利亞的故事也一起被畫在上面
旁邊的畫是描繪抹大拉馬利亞的一生
為耶穌的腳塗抹香膏
不要碰我
天使引導他去沙漠
領聖餐
拉撒路的復活
在馬賽傳教
天使給予食物
埋葬
抹大拉的大師（Master of the Magdalen）
〈抹大拉馬利亞與他人生的八個故事〉 13世紀後期
學院美術館 佛羅倫斯

「習慣犯下罪行之人啊，不要絕望。按照我的律例，信上帝吧！」

耶穌的各種神蹟與比喻

〈紈絝子弟〉的比喻

有位父親有兩個兒子。弟弟說：「爸爸，請把我那份家產先分給我」。父親便把家產分給兄弟兩人。

弟弟拿了財產後立刻離家，到遙遠的城鎮放蕩揮霍，並把財產花得一點也不剩。

在他飢餓不已時，突然醒悟過來。「我要跟父親謝罪，我得罪了天，也得罪了父親。我已經沒有資格當你兒子了，請雇用我當工人吧。」

弟弟回來時，父親便立刻跑向他，對他親吻。並且宰了上好的肥牛招待他，幫他戴上戒指，給他高級衣服穿。

哥哥看了之後感到忿忿不平，對父親說：「他跟娼妓一起散盡家財，為什麼你還要給他肥牛吃呢？」，父親回答：「我的兒子死而復生了，我當然感到歡喜。」

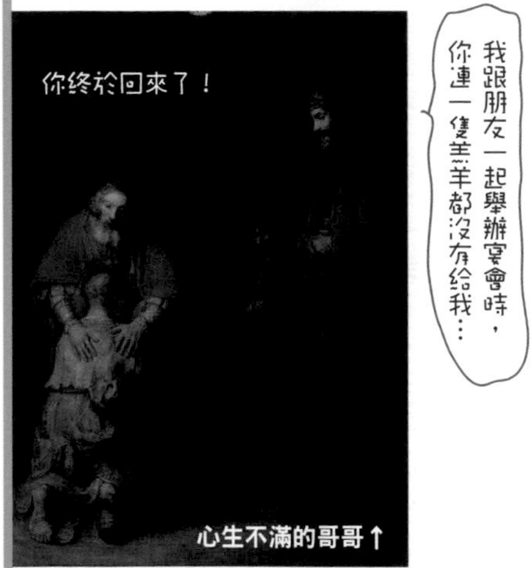

你終於回來了！
我跟朋友一起舉辦宴會時，
你連一隻羔羊都沒有給我…
心生不滿的哥哥↑

林布蘭　〈紈絝子弟的歸來〉　1668年左右
艾米塔吉博物館　聖彼得堡

五餅二魚餵飽五千人

耶穌用五塊麵包與兩條魚餵飽五千人。

絕對不夠啦。
沒關係啦，你先分給大家吃。

丁托列托　〈五餅二魚的奇蹟〉（部分）
1545-50年左右　大都會美術館　紐約

好撒馬利亞人

「誰是我的鄰居」的提問

有個人遇到搶匪搶劫，受了重傷倒在路邊。同為猶太人的祭司與利未人經過都假裝沒看見。這時一位與猶太人是死對頭的撒馬利亞人經過，他將受傷的人扶到他的驢子上，送去旅店並照顧他。耶穌說：「這位撒瑪利亞人才是你的鄰居」。

撒瑪利亞人將受傷的人攙扶到驢子上

梵谷　〈好撒馬利亞人〉　1890年
克勒勒・米勒博物館　奧特洛

第3章

受難·復活·升天

逾越節時期，
猶太教教徒們為了
神殿巡禮，紛紛從各地
前往耶路撒冷。
加利利領主
希律·安提帕斯與
羅馬總督彼拉多
深怕猶太人會引起暴動，
所以也來到
耶路撒冷坐鎮。
同時，耶穌一行人
也往耶路撒冷前進。

梅姆林 〈基督受難〉 1470年左右 薩包達美術館 杜林

耶穌進耶路撒冷城到復活的時序

1 進耶路撒冷城
2 猶大的背叛
3 最後的晚餐
4 客西馬尼園的禱告
5 猶大的親吻・耶穌被捕
6 耶穌在大祭司面前
7 士兵侮辱耶穌
8 彼得否認耶穌
咕咕
猶大的自殺

我先介紹大綱

9 彼拉多審判
10 判決死刑
11 鞭打耶穌
12 背負十字架
13 升起十字架
14 耶穌之死
I·N·R·I
15 降下十字架
16 耶穌下葬
17 耶穌復活

進耶路撒冷城

逾越節時期熱鬧非凡，耶穌和門徒們進了城，差不多是受難時期的開端。

1 耶穌一行人快到耶路撒冷城時，耶穌派了兩名弟子辦事。
你們到對面的村子去，你們會看到那裡綁著一隻大驢跟一隻小驢，把牠們帶過來。如果有人問起的話，就說：「這是主要用的。」
是的

2 弟子們按照吩咐牽了兩隻驢子回來，耶穌騎在驢的背上。

舊約聖經中有預言救世主是大衛的子孫，所以「**大衛之子**」＝「**救世主**」

彼得羅・洛倫澤蒂
〈入耶路撒冷城〉 1320年
聖方濟各聖殿 阿西西

3 他們進耶路撒冷城的時候，大批群眾前來迎接耶穌，並把自己的衣服與棕櫚枝葉鋪在地上以示歡迎。
大衛之子，和撒那!!
那是誰？
是拿撒勒出身的先知耶穌!!
請拿樹枝
謝謝
大衛之子，*和撒那!!
歡迎您
大衛之子，和撒那!!

＊和撒那：希伯來文中「給予拯救」的意思。

潔淨神殿

進入耶路撒冷的神殿後，那裡正在進行各式各樣的買賣。耶穌把在那買賣東西的人全都趕出神殿。

1 神殿裡面，有著各種為逾越節做準備的攤販，有換銀兩的人、賣牛羊與賣鴿子的人等，熱鬧不已。

2 耶穌見狀大為光火。
怎、怎麼了嗎？
氣到發抖

3 耶穌用繩子做成鞭子，把牛羊趕出神殿，把兌換錢幣的桌子推倒，錢幣撒得滿地都是。
把這些東西都給我拿出去！
不准把我父親的神殿當作買賣的地方!!
哇 這人是怎樣
只能把他殺了吧

艾爾・葛雷柯〈基督將商人趕出神殿〉1570年左右 明尼阿波利斯美術館 明尼阿波利斯

4 猶太人見狀便逼問耶穌：
你做這些事情是要顯現什麼神蹟給我們看？
吼～
哐噹！

5 耶穌回答：
你們可以拆毀這座神殿，我會在三天內重建它。
什麼！這座神殿當初可是花了四十六年才建好！

耶穌為門徒洗腳

*撒都該人的祭司長與法利賽人看到民眾在神殿傾聽耶穌說話的場景後，覺得必須要殺了耶穌。耶穌知道離去的時刻近了。

1 祭司長們策劃要將耶穌除掉，這時十二門徒中的加略人猶大的心已被惡魔入侵。
必須要想點辦法才行，不能在節日時擾亂群眾
怎麼做
幹掉他吧……
撒都該人祭司長
法利賽人
2 耶穌知道自己的時間到了，便開始幫弟子們洗腳。
您在做什麼呢!?
你現在不知道沒關係，總有一天會懂的。
3 彼得覺得擔當不起，想要阻止耶穌。
請您不要洗我的腳!!
這樣的話我們之間就沒有關係了。
這樣好嗎？
那連我的手跟頭也麻煩您了。
誠惶誠恐！
呃…我沒有要做到那份上
已經清潔過身體的人只需要洗腳就好。你是乾淨的，但不是每個人都像你一樣。
指猶大的背叛

*撒都該人＝撒督該人獨占耶路撒冷的祭司職位，通常是經濟富裕，特權階級的人。與法利賽人並列猶太教兩大勢力。

主啊，您要做什麼!!
沒事沒事
要幫我洗嗎？
怎麼辦？
來！把鞋子脫掉準備！
正在繫鞋帶的猶大

丁托列托 〈幫弟子洗腳的基督〉 1548-49年 普拉多美術館 馬德里

猶大的背叛

聖經並沒有詳細記載猶大背叛耶穌的理由。

什麼？你說你要背叛耶穌？
猶大
自己送上門來
→附身在猶大身上的惡魔
祭司長們←

喬托
〈猶大的背叛〉
1304-06年
斯克羅威尼禮拜堂
帕多瓦

1 祭司長們止在商討該如何才能殺了耶穌，但是又很怕民眾反彈，所以遲遲沒有行動。這時加略人猶大不請自來，給他們一個提案。
我把那個男人交給你們的話，你們要給我多少報酬？
你說什麼！

2 對於自己送上門來的背叛者，祭司長這麼說道：
我給你30枚銀幣吧。

3 密約成立。至此，猶大便在暗中伺機等待交出耶穌的機會到來。

收錢辦事啊

杜喬〈猶大的契約〉1308-11年
西恩納主教座堂附屬美術館　西恩納

最後的晚餐

耶穌幫弟子洗完腳後，在晚餐的餐桌上預言某人將會背叛自己。

1 耶穌在晚餐的餐桌上，做了一個爆炸性的發言。

你們當中的一人……
將會出賣我。
↓約翰
一定不是在說我吧!?
你說什麼—!?
唔?
什麼?
什麼?

杜喬〈最後的晚餐〉 1308–11年 西恩納主教座堂附屬美術館 西恩納

2 彼得十分震驚，於是便悄悄拜託坐在耶穌隔壁的約翰。

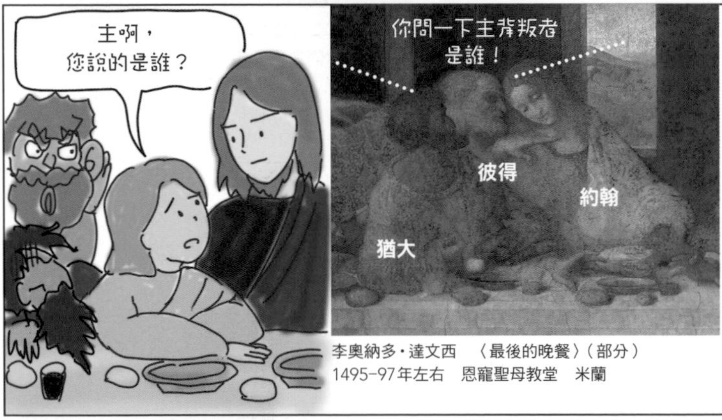

主啊，您說的是誰？
你問一下主背叛者是誰！
彼得
約翰
猶大

李奧納多・達文西 〈最後的晚餐〉（部分） 1495–97年左右 恩寵聖母教堂 米蘭

3 於是耶穌這麼回答：

什麼!!
我蘸一塊餅給誰，誰就是了。
←洗腳用的道具↓
猶大拿著裝有金幣的錢囊，只有他頭上沒有光環

維森特・胡安・馬西普 〈最後的晚餐〉 1555–62年 普拉多美術館 馬德里

4 說完後，耶穌把蘸了醬的餅拿給加略人猶大。
你要做的事
就快做吧。
5 猶大拿了餅之後立刻就出去了。因為猶大平常就是負責管理耶穌的錢，所以其他弟子以為他是要幫忙跑腿。
是要去買逾越節
要用的東西吧？
是要把錢
施捨給窮人嗎？
6 之後耶穌把麵包與葡萄酒分給弟子們。
你們拿去吃吧。
這是我的身體。喝下這杯酒吧。
這是我為了赦免罪為許多人流的血，
是契約之血。
咦？
什麼意思!?
如今*人子得了榮耀。
我要去的地方你們不能來。
你們要彼此相愛
我們不能跟去的地方!?
我願意捨命跟您去！
7 用完餐後，他們一起唱著讚美歌，接著便出發前往橄欖山。
你在雞鳴之前
會說三次你不認識我吧。
就算要我跟您一起赴死，
我也絕對不會說我不認識您!!

*人子=耶穌自己的意思

客西馬尼園的禱告

耶穌每次都會到橄欖山的客西馬尼園做禱告。雖然他再三警告弟子們不要睡著……

準備來抓捕耶穌的人們

安德烈亞・曼特尼亞　〈客西馬尼園的禱告〉　1455-56年　國家美術館　倫敦

1 耶穌到達橄欖山的客西馬尼園後，對弟子們說：
彼得、雅各、約翰跟我來
我過去那邊禱告時，你們坐在這裡等。我憂傷得像是要死掉一般。你們不要離開，和我一起保持清醒。
好！

2 之後耶穌到旁邊去非常痛苦地禱告。
父啊，請您將我的這杯苦拿走吧。但是請不要依我的願望，請依您的意思做。

3 之後耶穌回到弟子們所在的地方，弟子們都睡著了。

那麼短的時間你們都
不能保持清醒嗎!!
你們要清醒著祈禱自己
不要陷入誘惑啊!!
我不是這樣說的嗎!!
打呼

4 耶穌又再次前去禱告，回來時弟子們又睡著了。

還在睡!!
你們這些傢伙
打呼
酣睡

5 第三次回來的時候也一樣。

←天使來到正在禱告的耶穌旁，給予他力量。

我不是說不要睡嗎！

還在睡!!

杜喬
〈客西馬尼園的禱告〉
1308–11年
西恩納主教座堂附屬美術館　西恩納

6 耶穌正在說話時，許多人過來想要捉拿耶穌。

人子要被交到罪人們的手裡了。
起來，我們走吧。背叛我的人來了。
欸!?
你說什麼！

猶大的親吻・耶穌被捕

耶穌最終還是被那些想要處刑他的人逮捕。

喬托
〈猶大的親吻〉
1304-06年
斯克羅威尼禮拜堂
帕多瓦

1 猶大在事前已經跟祭司長們講好暗號，判斷誰是耶穌。

我親吻的那個人就是耶穌。逮補他吧。
不要出差錯喔
祭司長
長老

2 猶大一邊跟耶穌打招呼一邊靠近他……

先生，晚安……

3 之後就親吻了耶穌。

猶大，你用親吻來出賣人子嗎？

卡拉瓦喬
〈逮捕基督〉 1602年
愛爾蘭國立美術館
都柏林

4 於是耶穌就被逮捕了。
好
什、什麼！
老師~
抓
抓住
5 這時，彼得拔刀揮向大祭司的手下，把他的右耳切了下來。
你對老師做了什麼~
右耳
呀—
大祭司的手下馬勒古
6 耶穌對彼得說：
把刀收起來。凡動刀的必死於刀下。
是的！我錯了~
7 耶穌治療耳朵被切掉的馬勒古。
咦!?
8 耶穌對祭司長、神殿守衛長與長老們說：
你們拿刀棒對著我，是在對付強盜嗎？
我白天跟你們一起在神殿時，你們都沒有下手。
但現在是黑暗掌握權力了。
咦 治好了!?……
快逃啊
呀—
弟子們全都丟下耶穌自己逃跑了。
鳥獸散

耶穌在大祭司面前

終於到了要開庭審問耶穌的時候了。

1 耶穌被捕後，被帶到大祭司該亞法的面前。

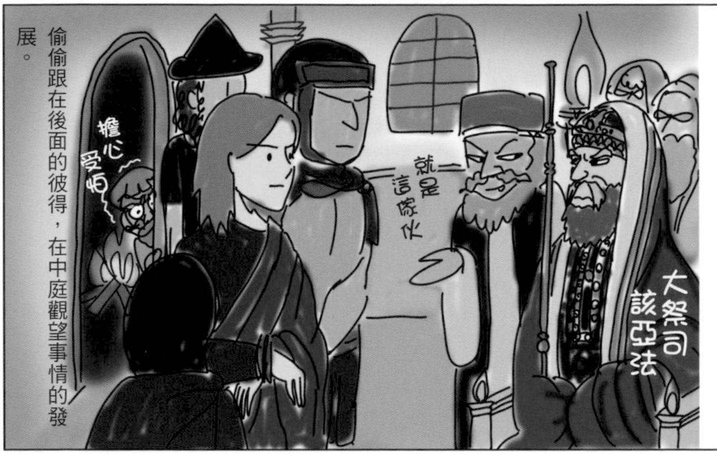
大祭司該亞法
就是這傢伙
擔心受怕

偷偷跟在後面的彼得，在中庭觀望事情的發展。

2 祭司長與最高法院的人們想方設法處耶穌死刑，所以便找來偽證人做出不利耶穌的證詞，但是卻沒能拿出什麼決定性的證據。而最後的兩位證人這樣說：

這個人曾经說過：「把神殿拆毀，我能在三天內重建」什麼的。
不可能的吧！
很好!!很好!!
祭司長
這很嚴重吧
長老

3 大祭司該亞法站起來，問耶穌：

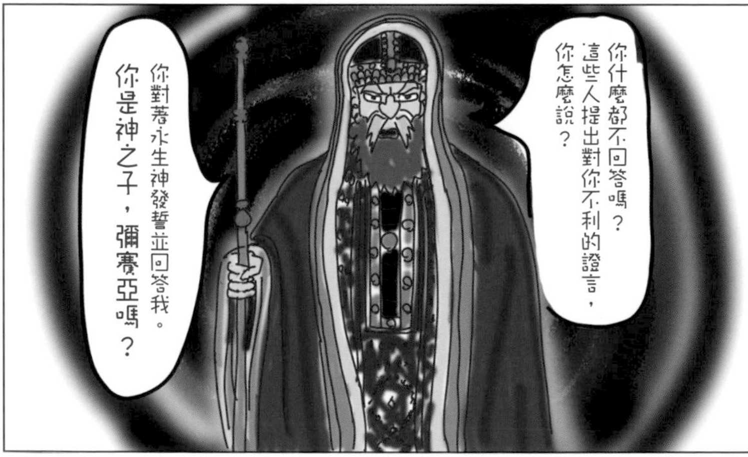
你什麼都不回答嗎？這些人提出對你不利的證言，你怎麼說？
你對著永生神發誓並回答我。你是神之子，彌賽亞嗎？

4 耶穌這麼回答：
但是我必須先說，
你們終究會看見人子
坐在全能之神的右邊，
乘坐天上的雲降臨。
你、你說什麼！
你這樣說不就表示你是神之子嗎！
你說什麼？
那是你說的。
傑拉德・範・昂瑟斯特〈祭司的詢問〉（部分）
1617年　國家美術館　倫敦

5 大祭司氣到撕開衣服說：
你褻瀆了神。
這樣還需要證人嗎？
你們都聽見他說褻瀆的話了吧。
你們認為呢!?
人們回答
應該判死刑!!
撕裂衣服的大祭司
喬托
〈祭司的詢問〉
1304-06年
斯克羅威尼禮拜堂
帕多瓦

6 人們遮住耶穌的眼睛，朝他吐口水，有人對他揮拳，有人賞他巴掌。
彌賽亞，你說說看打你的人是誰啊！
歐拉歐拉～
格呂內瓦爾德〈嘲弄耶穌〉　1503-05年　老繪畫陳列館　慕尼黑

彼得否認耶穌

當初口口聲聲發誓會跟隨耶穌的彼得，最後也背叛了他。

1 當時，有一位婢女看到在中庭的彼得，便走過去跟他說話。

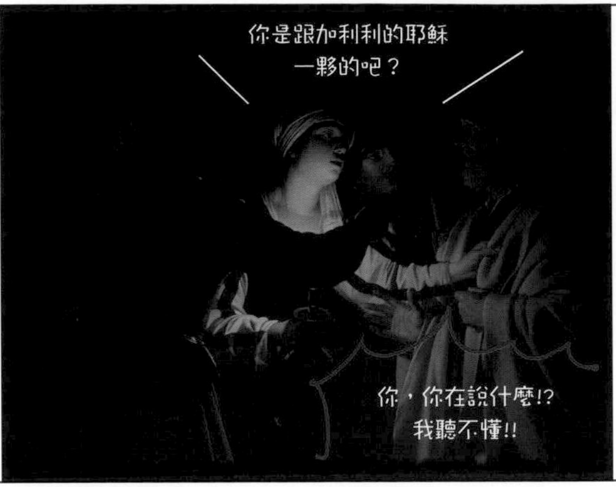
你是跟加利利的耶穌一夥的吧？
你，你在說什麼!? 我聽不懂!!

傑拉德・範・昂瑟斯特〈彼得的否認〉
1623年左右　明尼阿波利斯美術館　明尼阿波利斯

2 彼得想出去，到了門口又遇到另一位婢女。

這個人也是拿撒勒耶穌的同夥。
我不知道那個人！

其他的人也加入

我知道你們是一夥的。
加利利的吧
聽口音就知道
我不認識他！

彼得連說了三次不認識耶穌。

3 就在這時，雞叫了。

咕咕咕咕咕咕〜〜
驚

4 彼得回想起耶穌說的話，痛哭了起來。

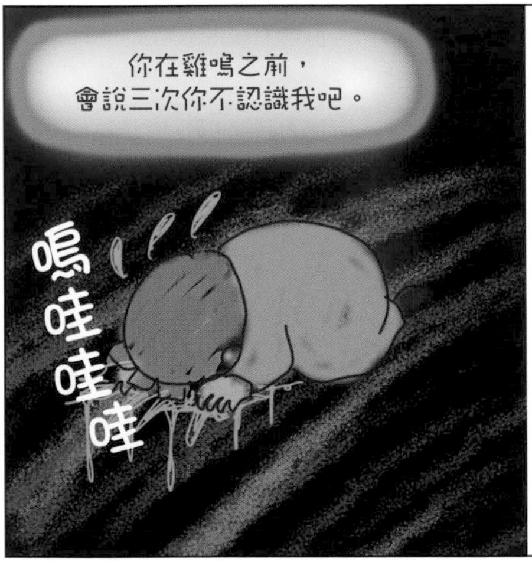
你在雞鳴之前，會說三次你不認識我吧。
嗚哇哇哇

猶大的自殺

猶大發現自己犯下不可挽回的大錯，無力承受之下便自殺了。

1 猶大聽說耶穌被定罪之後後悔莫及，帶著三十枚銀幣想拿回去還給祭司長。但是……
我犯了罪，我把無辜之人的血賣了。
那不關我們的事。
是你自己的問題
對方並不理會他。

2 絕望的猶大把銀幣砸向神殿，掉頭離去，
哈哈哈—
丟丟
之後上吊死了。

洛倫澤蒂〈上吊的猶大〉1320年左右
聖方濟各聖殿 阿西西

3 祭司長們撿起地上的銀幣，他們討論該如何運用這筆錢。
這是血的代價，所以不能收入神殿中。
那就用這個錢買下「陶藝師傅的田」，用來當外國人的墓地怎麼樣？
因此這塊土地至今都叫做「血田」。

彼拉多審判

耶穌被移送到大祭司→彼拉多→領主希律·安提帕斯→彼拉多，被各處踢皮球。

1 該亞法等人把耶穌帶去羅馬總督彼拉多的地方，要求處以極刑。

這個男人煽動民眾
叫他們不要向皇帝納稅，
還稱自己是王、是彌賽亞！
這個男人做了什麼？
該怎麼辦？
應該判他死刑！

杜喬
〈在彼拉多面前的耶穌〉
1308-11年
西恩納主教座堂附屬美術館　西恩納

2 於是，彼拉多問耶穌：

你是猶太人的王嗎？
那是你說的。
嗯……
聽不太懂……

尼古拉·尼古拉耶維奇·戈〈詢問真理的彼拉多〉
1890年　特列季亞科夫畫廊　莫斯科

3 彼拉多說：「我看不出來這麼人犯了什麼罪」，於是大祭司激烈抗議。

這個人一路
從加利利到這裡，
在猶太全境一邊傳教
一邊煽動民眾！！
驚
我們沒有
判決
死刑的權力，所以麻煩您了！

4 彼拉多感到很困擾，他聽到耶穌是從加利利來的，所以認為應該把審判交給加利利領主希律·安提帕斯。

希律現在剛好來
耶路撒冷，
把他送去希律那邊！
真是的，
麻煩事都
推給我。

5
希律・安提帕斯已經耳聞耶穌的事跡許久，一直想要見上一面，因此他很開心。然而面對希律的提問，耶穌卻一言不發。
你是施洗約翰的弟子對吧!?
喂!! 弄點神蹟來看看啊 什麼都可以
……

6
被無視的希律・安提帕斯惱羞成怒，與士兵們一起嘲弄耶穌，讓他穿上華服，又把耶穌送回去彼拉多那裡。
你竟敢無視我!! 即刻遣返!!

↓這張圖是下一頁第三格內容的另一個版本

跟我沒關係
正在洗手↓

丁托列托　〈佇立於彼拉多前的基督〉　1566-67年
聖洛克大會堂　威尼斯

7
彼拉多召集祭司長等人與民眾，然後說：
我調查過這個人了，並沒有發現你們控訴的犯罪事實。希律也沒有。
哇
哇ー
不行!! 殺了他!!
他沒有做什麼需要被判死的事情。所以給他鞭刑就放了他。
……

判決死刑

彼拉多找不到耶穌的罪狀，但是迫於民眾強烈要求，只好同意執行釘十字架之刑。

1 逾越節有一個慣例，總督可以依民眾要求釋放一個囚犯，彼拉多也思考著可以依循慣例釋放耶穌。

罪狀：
暴亂與殺人
巴拉巴

你們想要釋放巴拉巴還是耶穌？
彼拉多的妻子
反對處刑耶穌

西塞里
〈Ecce homo〉
1871年　近代美術館
（帕拉提納美術館）
佛羅倫斯

2 但是，民眾要求釋放巴拉巴，並持續呼喊著把耶穌釘十字架。

釋放巴拉巴!!
對耶穌的處置，民眾的期待正好相反……
把耶穌釘十字架!!
太好啦~
真的嗎?
唔?

馬西斯　〈Ecce homo（試觀此人）〉　1518-20年
普拉多美術館　馬德里

3 彼拉多最後終於放棄，叫人拿來一盆水，在群眾面前洗手並說道：

這人的血責任在我們以及子孫身上！
這個人流的血責任不在我。是你們的問題。
洗手＝
撇清責任的表現

杜喬
〈洗手的彼拉多〉
1308-11年
西恩納主教座堂附屬
美術館　西恩納

鞭打耶穌・士兵侮辱耶穌

士兵們鞭打耶穌，對他說：「猶太人之王，萬歲！」來侮辱他。

1 彼拉多下令鞭打耶穌後，叫士兵把他釘在十字架上。

雖然不是我本意……

卡拉瓦喬 〈鞭刑〉 1607年
卡波迪蒙特博物館 拿坡里

2 士兵把棘冠戴在耶穌頭上，讓他拿著一根蘆葦。

嘻嘻

耶羅尼米斯・波希 〈戴棘冠的基督〉
1510年左右 國家美術館 倫敦

猶太人的王，萬歲！！

提香〈戴棘冠的基督〉
1525-50年 羅浮宮 巴黎

背負十字架

耶穌遭遇鞭刑後全身傷痕累累，接下來還必須自己背著十字架爬上各各他山。

等在山頂上的祭司與士兵們

聖母瑪利亞與女弟子們

拿著面紗的維羅妮卡

提也波洛
〈基督到達各各他〉
1737-40年
聖阿維斯堂　威尼斯

1 耶穌背著十字架，爬上各各他（髑髏的意思）山。

西門

杜喬
〈往各各他的路〉
（部分）
1308-11年
西恩納主教座堂附屬美術館　西恩納

2 途中耶穌已筋疲力盡，士兵們就命令經過的*古利奈人西門替耶穌背十字架。

＊古利奈為北非的一個城鎮，當時為羅馬的領地。有許多猶太的離散民住在此地。

外典

維羅妮卡的面紗

耶穌在前往各各他山的路上，有一位叫做維羅妮卡的女性用自己的面紗為耶穌擦汗。結果面紗上面竟然浮現出耶穌的面容。

羅伯特・坎平 〈聖維羅妮卡〉
1428−30年 史泰德藝術館 法蘭克福

梅姆林 〈聖維羅妮卡〉 1470−75年左右
國家藝廊 華盛頓

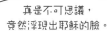

升起十字架

大約早上九點時，耶穌的手腳被釘在十字架上。

1 到了山上，士兵們就把耶穌固定在十字架上。耶穌的左右還有另外兩個罪人也被釘在十字架上。

魯本斯　〈升起十字架〉
1611-14年
聖母主教座堂　安特衛普

大貝律(Jörg Breu the Elder)　〈升起十字架〉(部分)
1524年　布達佩斯美術博物館　布達佩斯

2 彼拉多寫下耶穌的罪狀「拿撒勒的耶穌，猶太人之王」並釘在十字架上。祭司長們見狀後抗議：

他不是「猶太人的王」，請您改成他「自稱猶太人之王」！
不可理喻!!
祭司長
我已經寫了就保持這樣吧
彼拉多
①
②
③
IESVS NAZARÆNVS REX IVDÆORVM
①希伯來文
②拉丁文
③希臘文

但是沒有被採納。

3 十字架下方，士兵們在瓜分耶穌的衣物。

十二門徒約翰
抹大拉的馬利亞

嘆氣的天使們→

悲嘆的聖母瑪利亞與女弟子們

←瓜分衣物的士兵們

喬托
〈升起十字架〉
1304-06年左右
斯克羅威尼禮拜堂
帕多瓦

4 民眾與祭司長看到耶穌被釘十字架後，紛紛嘲弄他。

救世主救得了別人，怎麼會救不了自己呢？以色列的王啊，你現在從十字架下來啊。我們就信你。
你可以拆毀神殿，又可以在三天內重建。那應該也可以救自己吧！
父啊，請赦免他們。他們不曉得自己在做什麼…

5 跟耶穌一起被釘在十字架上的罪人中，其中一人也一起侮辱耶穌，另外一個罪人則斥責他。

十字架下方有聖母瑪利亞、抹大拉的馬利亞等女弟子與約翰，他們一起靜靜守候著。

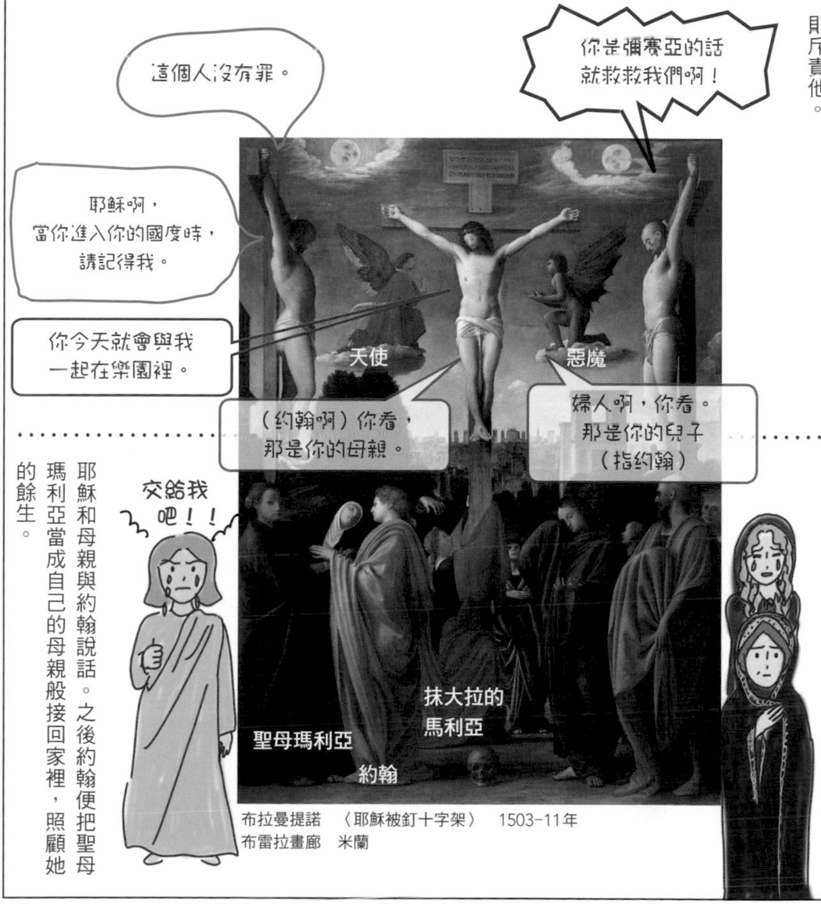
你是彌賽亞的話就救救我們啊！
這個人沒有罪。
耶穌啊，當你進入你的國度時，請記得我。
你今天就會與我一起在樂園裡。
天使
惡魔
婦人啊，你看。那是你的兒子（指約翰）
（約翰啊）你看，那是你的母親。
抹大拉的馬利亞
聖母瑪利亞
約翰
交給我吧！！

布拉曼提諾〈耶穌被釘十字架〉 1503–11年
布雷拉畫廊 米蘭

耶穌和母親與約翰說話。之後約翰便把聖母瑪利亞當成自己的母親般接回家裡，照顧她的餘生。

「耶穌受難圖」的變遷

8世紀

中世紀的畫家比起人性化的表現，更追求樣式化的圖像。這位畫家（費盡心思）將耶穌的身體描繪成繩子纏繞的形狀。

眼睛睜開是
表現耶穌還活著的樣子

遞給耶穌的海綿
看起來像切好的蘋果

手的表現
很痛苦

作者不詳　〈耶穌受難圖〉　福音書　彩飾手抄本
750年左右　聖加侖修道院圖書館　聖加侖

耶穌的身體因痛苦而扭曲

13世紀

文藝復興初期，古代早已被遺忘的人性表現，在這段時期又再度復甦。可以看到比較真實的肉體表現，也比較有感情。

契馬布埃　〈釘十字架〉　1287-88年左右
聖十字聖殿　佛羅倫斯

19世紀

象徵主義的畫家高更，描繪出簡約化的全新耶穌受難圖。

畫裡的耶穌是布列塔尼農婦們看見的幻影

高更　〈黃色的基督〉　1889年
歐諾美術館　水牛城

17世紀

在一片漆黑當中，以強烈的光源戲劇性地凸顯主題，這是巴洛克時期的風格，能表現出耶穌的神聖性。

維拉斯奎茲　〈釘十字架〉　1632年左右　普拉多美術館　馬德里

只有耶穌一人。省略掉所有非必要的內容。

耶穌之死

耶穌被釘在十字架上後，約莫經過六個小時便斷了氣。

1 耶穌說：「我渴了」，人們就拿著吸滿葡萄酒（醋）的海綿遞到耶穌嘴邊。
耶穌啜了一口葡萄酒（醋），然後說：
成了。

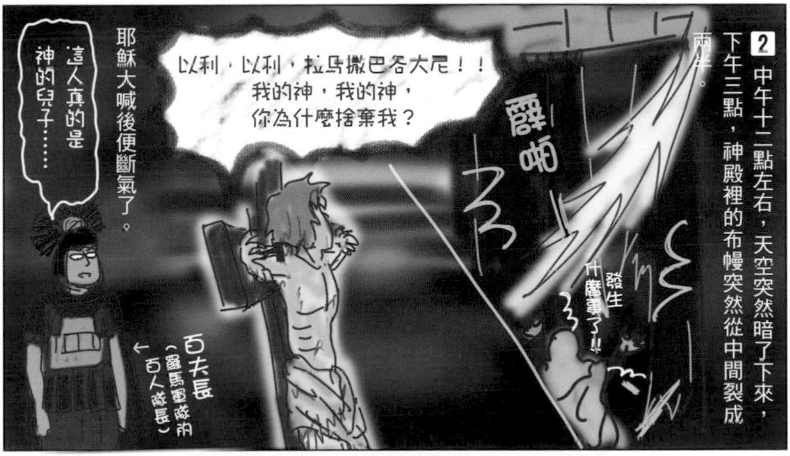
2 中午十二點左右，天空突然暗了下來，下午三點，神殿裡的布幔突然從中間裂成兩半。
霹啪
發生什麼事了?!
以利，以利，拉馬撒巴各大尼！！我的神，我的神，你為什麼捨棄我？
耶穌大喊後便斷氣了。
這人真的是神的兒子……
百夫長（羅馬軍隊內百人隊長）

3 隔天是特別的日子，也就是安息日，所以不能把遺體留在十字架上。
打斷腿以加速死亡
刺耶穌側腹確認他是否已死
側腹被刺的位置流出血與水

杰拉德・德拉瓦萊　〈用槍刺基督的朗基努斯〉
1626–67年

降下十字架

氣絕身亡的耶穌被人們從十字架上放下來。

菲利普・利皮製作的部分
堅強地守在十字架旁的聖母瑪利亞
抹大拉的馬利亞
約翰
←釘

菲利普・利皮
〈降下十字架〉
1504-07年左右
學院美術館　佛羅倫斯

佩魯吉諾：在菲利普・利皮過世後由佩魯吉諾繼續接力完成。也有人說抹大拉的馬利亞與約翰是拉斐爾所畫。

拉斐爾

1 有一位身分高貴的議員叫做亞利馬太的約瑟，他來到彼拉多面前，提出想要領走耶穌遺體的要求。

亞利馬太的約瑟
誠惶誠恐
耶穌暗中的信奉者
我想要領走耶穌的遺體……
拿走吧。隨你便。
已經死了嗎……

2 亞利馬太的約瑟與尼哥底母一起把耶穌從十字架上放下來。

尼哥底母

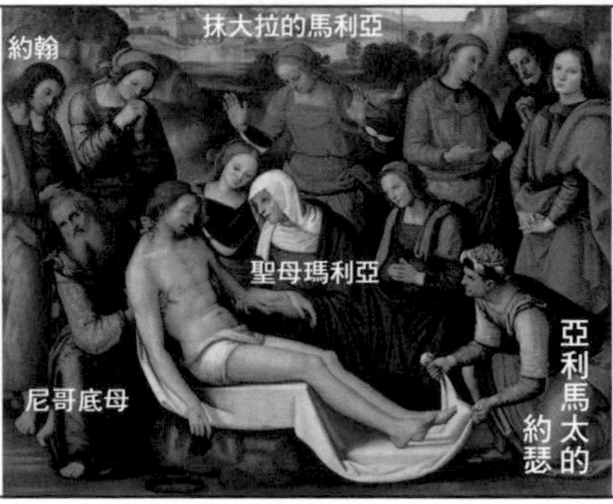

抹大拉的馬利亞
約翰
聖母瑪利亞
尼哥底母
亞利馬太的約瑟

佩魯吉諾〈哀悼基督〉
1495年　帕拉提納美術館　佛羅倫斯

各式各樣的〈降下十字架〉

所有人都在流淚

令人印象深刻，
哀嘆的抹大拉的馬利亞

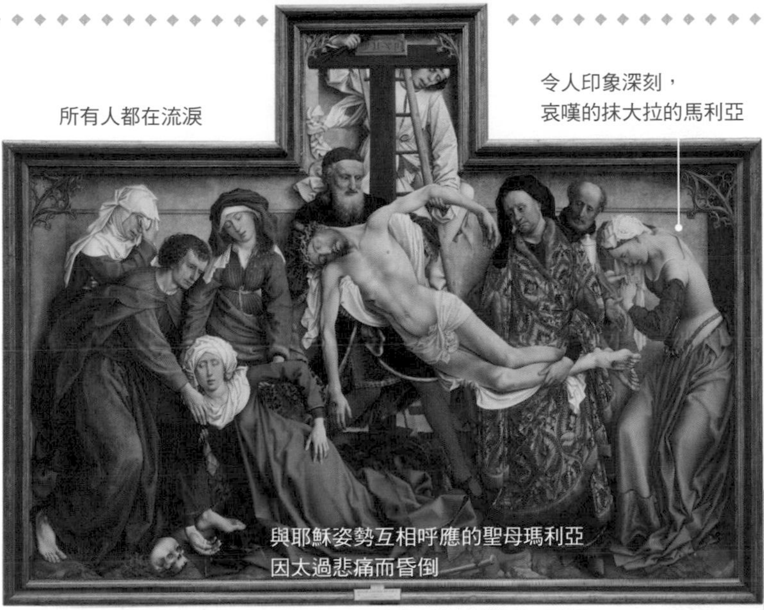
與耶穌姿勢互相呼應的聖母瑪利亞
因太過悲痛而昏倒

羅希爾・范德魏登　〈降下十字架〉　1435年左右　普拉多博物館　馬德里

哥德式的傳統表現
（杜喬）

魯本斯　〈降下十字架〉
1611–14年左右
聖母主教座堂
安特衛普

《龍龍與忠犬》中的
龍龍與阿忠就是在
這幅畫前蒙主寵召

風格主義的
嶄新構圖

←畫家的自畫像

抹大拉的馬利亞

有人說踮著腳，好像很輕盈似的抬著耶穌的是天使

蓬托莫　〈降下十字架〉　1526–28年左右
聖芬莉堂　佛羅倫斯

聖殤（Pietà）

聖母瑪利亞將已死的兒子耶穌抱在膝上，感到萬分悲痛。

米開朗基羅初試啼聲的驚世大作

真不愧是我

米開朗基羅　〈聖殤〉　1501年
聖彼得大教堂　梵蒂岡

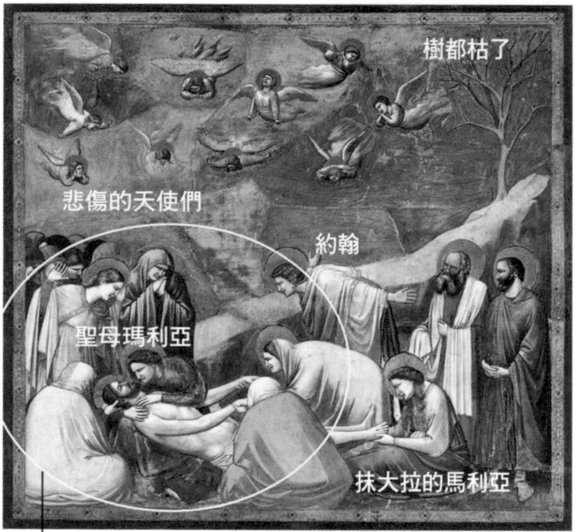

樹都枯了
悲傷的天使們
約翰
聖母瑪利亞
抹大拉的馬利亞

喬托　〈哀悼耶穌〉　1304-06年左右
斯克羅威尼禮拜堂　帕多瓦

老師……
好可憐……

聖母瑪利亞、抹大拉的馬利亞，以及小雅各的母親馬利亞，撒羅米等許多女信徒都在旁守候

→這位男性（慈善家）身分不明

恩格朗・卡司頓
〈亞維儂的聖殤〉
1450-75年左右
羅浮宮 巴黎

卡拉瓦喬　〈基督下葬〉
1600–04年　梵蒂岡美術館　梵蒂岡

羅希爾・范德魏登
〈基督下葬〉
1460–63年　烏菲茲美術館　佛羅倫斯

當時的墳墓大多是將岩石鑿開，
再用石頭封住

耶穌下葬

耶穌被埋葬在各各他山上，一座岩石鑿開的墓裡。

1 亞利馬太的約瑟用細亞麻布包裹耶穌的遺體，然後把耶穌放入原本是為自己準備的墓中，並關上石門。
必須在安息日開始前完成才行。
2 為耶穌送葬的女性們回家準備香料與香膏等物品。
3 隔天，祭司長與法利賽人來見彼拉多，要求他派人監視耶穌的墓。
如果耶穌的弟子把他的遺體偷出來，然後散布謠言說：「耶穌復活了」，這樣豈不是蠱惑人心嗎？
大人啊，您還記得那個妖言惑眾的人曾說過：「我會在三天後復活」嗎!!
所以說
請您下令看守耶穌的墓三天!!
啊！你們好煩
彼拉多

4 彼拉多同意了。
你們叫守衛去看守。
遵命
已經關夠了吧

5 祭司長等人把墓前的石頭封印，並派衛兵看守。
這樣就萬無一失了!!
封印

耶穌復活

耶穌下葬後三天，耶穌果真如預言所說復活了。

1 隔天黎明時，抹大拉的馬利亞來到耶穌的墓。
不知道有沒有人可以幫我打開墓前的石門？
對啊……
為耶穌塗抹的香膏

2 突然一陣天搖地動。
搖晃
搖晃
搖晃

3 仔細一看，原來是天使降臨，把門前的石頭用滾的方式推開。
咚
天使坐在石頭上，如同閃電般閃耀，衣服潔白如雪。
衛兵們嚇到發抖，像死人一樣
啊哇哇哇

安尼巴萊・卡拉奇　〈墓前的三位馬利亞〉
1595年　艾米塔吉博物館　聖彼得堡

是像這樣
復活的喔

冬
春
復活旗幟

皮耶羅・德拉・弗朗切斯卡　〈復活〉　1467年左右
聖塞波爾克羅市民美術館　聖塞波爾克羅

4 天使對婦人們說：

不用害怕，你們要找的人早已不在這裡。
快去告訴他的弟子們：「他已經從死裡復活了。」
我已經傳達了喔
竟然……！

5 婦人們又驚又喜，急忙跑去告訴其他弟子。

慘了，必須比他們更快跟祭司長報告才行。
要趕快告訴大家!!

6 沒想到耶穌就站在前方，對他們說：
「早安。」
婦人們趕緊跑向前去，跪下來抱住耶穌的腳。
7 耶穌說：
你們不用怕。去告訴我的兄弟，叫他們前往加利利。我會在那裡見他們。
好的
8 衛兵們比婦人們更快回到城裡，並把這件事彙報給祭司長。祭司長拿了許多錢給他們當封口費。
你們就說是耶穌的弟子在半夜來，趁你們睡覺的時候盜走遺體!!
嗯？竟然沒有被罵還給我們錢？
格呂內瓦爾德
〈復活〉（取自伊森海姆祭壇畫）
1512–16年　恩特林登博物館　科爾馬

耶穌下陰間

耶穌下葬到復活的這段時間去了一趟地下的陰間。那裡有很多被撒旦囚禁的人們以及孩子，他們因為沒有受洗所以無法去天國。耶穌把大門打壞，救出他們的靈魂。

啊——！門被打壞了！
好痛—！

安傑利科　〈基督在陰間〉　1438-52年
聖馬可美術館　佛羅倫斯

Andrea di Bonaiuto　〈基督在陰間〉
14世紀　新聖母大殿　佛羅倫斯

他說他是耶穌基督
哎呀，真的嗎？
哇！大家都逃走了

大家都出來吧
謝謝～
友弟德
諾亞
是我幫他洗禮的喔
是喔
十誡
嗚哇
討厭
碰
痛痛痛
亞當
夏娃
施洗約翰
亞伯拉罕
摩西
呵呵

布龍齊諾畫

〈耶穌下陰間〉

1552年　聖十字聖殿附屬美術館　佛羅倫斯

我畫的喔
麥第奇家族的
宮廷畫師布龍齊諾

耶穌
摩西
亞伯拉罕
畫家布龍齊諾
以撒
諾亞
施洗約翰
亞當
夏娃
友弟德
養父約瑟

Noli me tangere（不要碰我）

福音書作者約翰，以不同於P.92的形式，描述耶穌在抹大拉的馬利亞眼前顯現的故事。

安傑利科
〈不要碰我〉
1438-52年左右
聖馬可美術館
佛羅倫斯

1 抹大拉的馬利亞一邊哭著一邊去耶穌的墓，結果那裡出現了兩位天使。
你為什麼哭呢？
因為我不知道他的遺體在哪裡。
2 馬利亞回頭看到了耶穌，但是他沒有立刻認出來。
你為什麼在哭泣？你在找誰？
3 馬利亞誤以為耶穌是園丁，然後說：
是你把他搬走的嗎？你知道他被移到哪裡去了嗎？我要去領他。
園丁裝扮的耶穌
兩位天使
4 直到耶穌說：「馬利亞」，他才終於發現——
希伯來文「老師」的意思
拉波尼！

林布蘭　〈不要碰我〉（部分）
1638年　白金漢宮　倫敦

5 耶穌對著想要上前的馬利亞說：

不要碰我，
因為我還沒有上去
見天上的父。

喬托　〈不要碰我〉　1304-06年左右
斯克羅威尼禮拜堂　帕多瓦

拉波尼！

科雷吉歐　〈不要碰我〉　1525年左右
普拉多美術館　馬德里

6 接著耶穌說：
你跟弟子們說
我要上去見我的神，
也是你們的神。

7 馬利亞趕緊跑去找那些因害怕被捕而躲起來的弟子們。
我看到主了!!
碰！
什麼!!

8 耶穌也來了，站在他們中間說：
願你們平安。
老師!!

9 耶穌對他們說：
讓所有人做我的門徒。
信我而受洗的人將會得救，
不信我者將被定罪。

多疑的多馬

耶穌在弟子們面前顯現時，十二門徒之一的多馬因為不在場，因此他說除非他親眼所見，否則不會相信耶穌已復活。

卡拉瓦喬　〈多疑的多馬〉　1601年　忘憂宮　波茲坦

1 多馬在聽到其他弟子說耶穌復活了，還是始終不願相信。

除非我看到他手上和側腹上面的傷，並把手指伸進釘痕裡確認，不然我不會信。
是真的！

2 八天後，多馬以及其他弟子聚會時，耶穌也顯現了。

願你們平安。
明明有鎖門啊！！
您又來了♥

3 耶穌對多馬說：

把手伸進我的側腹吧。不要成為不信我者，要成為信我者。
嚇～

4 把手伸進傷痕裡的多馬，終於相信耶穌復活。

我的主，我的神！
你是因為看見我了才信，沒看見就信的人有福。

杜喬　〈不信的多馬〉（部分）　1308–11年
西恩納主教座堂附屬美術館　西恩納

卡拉瓦喬　〈以馬忤斯的晚餐〉　1601年　國家美術館　倫敦

以馬忤斯的晚餐

耶穌的兩名弟子正前往一個叫做以馬忤斯的村子，耶穌在他們面前顯現，與他們一起談論聖經的內容，並且一起用晚餐。

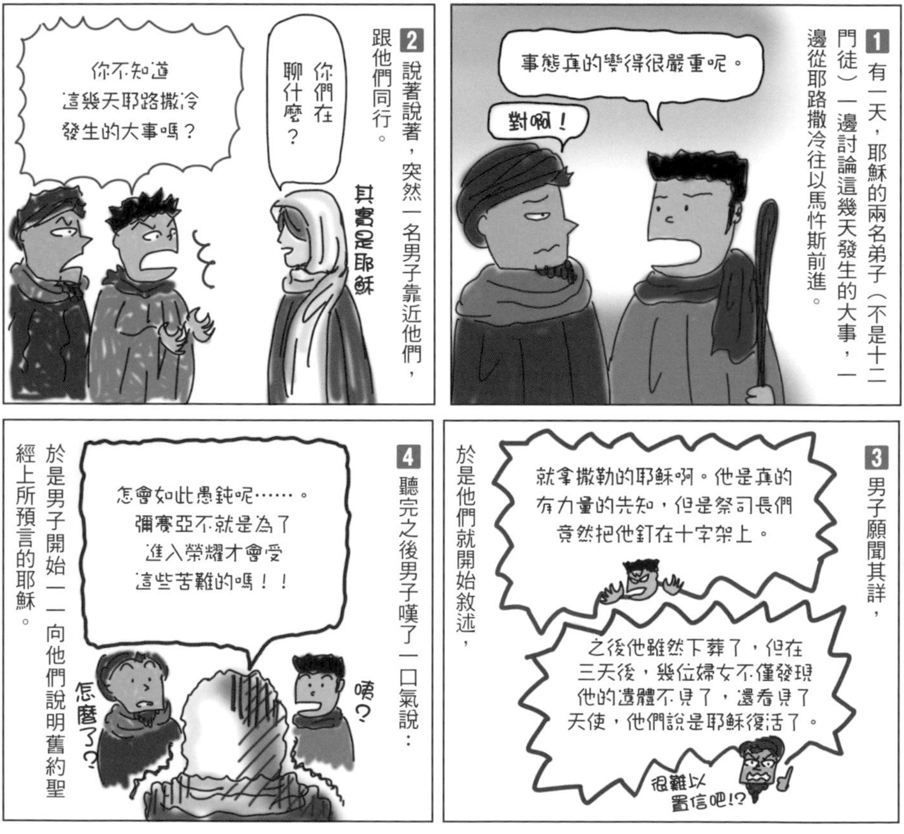
1 有一天，耶穌的兩名弟子（不是十二門徒）一邊討論這幾天發生的大事，一邊從耶路撒冷往以馬忤斯前進。
事態真的變得很嚴重呢。
對啊！
2 說著說著，突然一名男子靠近他們，跟他們同行。
你們在聊什麼？
其實是耶穌
你不知道這幾天耶路撒冷發生的大事嗎？
3 男子願聞其詳，於是他們就開始敘述，
就拿撒勒的耶穌啊。他是真的有力量的先知，但是祭司長們竟然把他釘在十字架上。
之後他雖然下葬了，但在三天後，幾位婦女不僅發現他的遺體不見了，還看見了天使，他們說是耶穌復活了。
很難以置信吧!?
4 聽完之後男子嘆了一口氣說：
怎會如此愚鈍呢……。彌賽亞不就是為了進入榮耀才會受這些苦難的嗎！！
咦？
怎麼了？
於是男子開始一一向他們說明舊約聖經上所預言的耶穌。

5 他們一行人快到目的地的村子時，耶穌原本打算繼續趕路，但是弟子們挽留了他。
天色已經晚了，今天就先住我們家吧。
那，那個
對啊
也就是說，聖經上面寫的是……

6 耶穌坐下與兩位一起用晚餐，禱告完，他把餅掰開分給兩位弟子。這時，他們的眼睛終於睜開，認出了耶穌。
竟然是……
呀啊

難、難不成是!?
終於發現了嗎
您，您是……

林布蘭　〈以馬忤斯的晚餐〉
1628年
雅克馬爾·安德烈博物館　巴黎

7 但是，耶穌也在那時消失了。
竟然有這種事！我現在才發現！
所以當他在路程上解釋聖經時，我的心才會燃燒啊！
震驚－

8 兩人立刻返回耶路撒冷，告訴其他人這件事……
你們也看到了！？
快聽我說
他也在我面前顯現了
這時，耶穌出現了！
願你們平安。

接續P.96 第8格

耶穌向七個門徒顯現

七個門徒在湖畔捕魚時，耶穌在他們面前顯現。這是耶穌第三次在弟子們面前顯現。

彼得發現是耶穌後，
趕緊穿上上衣
跳進湖裡。↓

康拉德・維茨
〈聖彼得與奇蹟的漁獲〉
1444年　藝術歷史博物館　日內瓦

1 七名弟子在提比里亞湖邊捕魚，但是那天夜裡一無所獲。
一隻魚也沒有…
空空如也

2 天剛亮時，耶穌站在岸邊，向弟子們說：
孩子們，你們有吃的嗎？
沒有。
還沒發現是耶穌
把網撒在船的右邊試試。

3 他們照做後竟然大豐收，捕到很多魚。約翰說：「是主」，彼得一聽立刻穿上上衣往水裡跳。
是主
魚多到拿不動…
嘩啦！

4 湖岸已經生好炭火。耶穌與弟子們一起享用剛捕撈的魚當早餐。
來吃早餐。
捕到一百五十三條魚！
也有餅喔
開動了

耶穌升天

耶穌在弟子面前顯現已經過四十天，他講述神之國的事。之後就往天上去。

節錄〈使徒行傳〉

1 弟子們問耶穌：

主啊，什麼時候會重建以色列國？
在父以祂的權威決定之前，你們不必知道。

2 接著說：

當聖靈從天上降落到你們身上時，你們必須接受這份力量。而且不只是在耶路撒冷，連猶太與撒馬利亞全土，直到世界盡頭，你們都要做我的證人。

3 耶穌說完，就在弟子的面前升上天去。直到耶穌被雲覆蓋看不見為止。

啊啊
他還是走了~

林布蘭〈基督升天〉
1636年 老繪畫陳列館 慕尼黑

4 當弟子們凝視著天空時，忽然有兩個穿白色衣服的人出現，說：

加利利的人民啊，你們為什麼要站著望天呢？耶穌離開你們往天上去，他也一樣會從天上下來。

喬托〈基督升天〉1304-06年左右
斯克羅威尼禮拜堂 帕多瓦

三位一體是什麼

在基督教的繪畫中，神、鴿子與耶穌常常會一起出現。
這是基督教「三位一體」概念的基礎。也就是神雖然有三個位格，但是本質其實是一體的。
其實聖經裡面並沒有出現過「三位一體」這一名詞，但是在後世的公會議上，
決定將這個概念納入基督教教義當中。

父（神）＝子（耶穌）＝靈（聖靈）
本質為一體
畫成鴿子
聖靈
為數眾多只有頭的天使（參照P.130）
讓我畫的話就會變這樣
杜勒
木棒上綁著吸滿酒的海綿
父（神）
子（耶穌）
天使們拿著槍與柱等受難的象徵
摩西拿著〈十誡〉裡的兩塊石板
（亞歷山大的）聖加大肋納
聖阿格尼絲
施洗約翰

杜勒
〈諸聖人圖〉的臨摹（部分）
Johann Christian Ruprecht
1654年　藝術史博物館　維也納

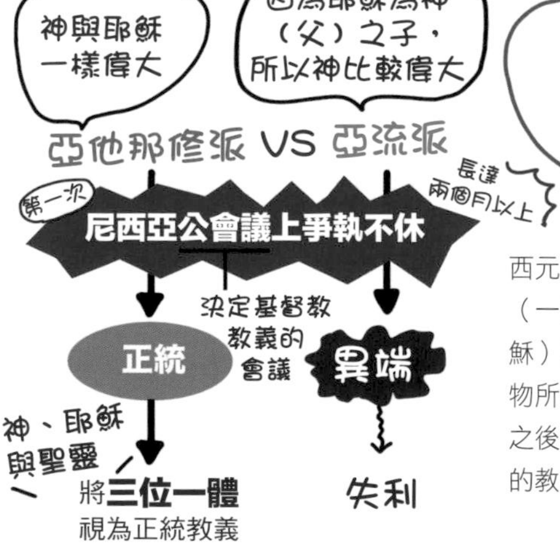
神與耶穌一樣偉大
因為耶穌為神（父）之子，所以神比較偉大
亞他那修派 VS 亞流派
長達兩個月以上
第一次
尼西亞公會議上爭執不休
決定基督教教義的會議
正統
異端
神、耶穌與聖靈
將三位一體視為正統教義
失利

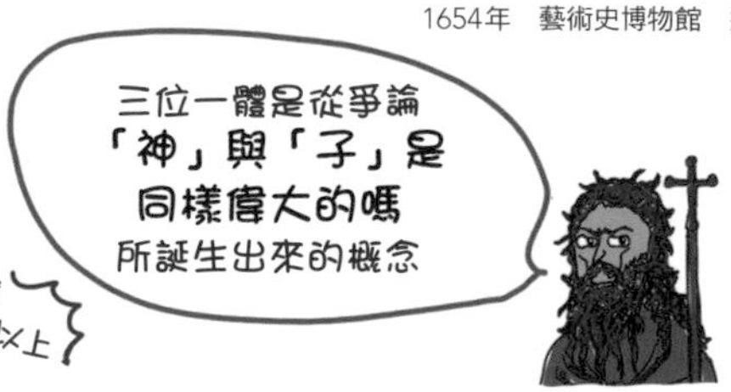
三位一體是從爭論「神」與「子」是同樣偉大的嗎所誕生出來的概念

西元325年第一次尼西亞公會議中，尼西亞信經（一般為亞他那修派的主張）採納「神與子（耶穌）為同一本質」。因此，主張「子為神的創造物所以不同質（同格）」的亞流派被視為異端。之後，在西元381年時「三位一體」被視為正統的教義。

第4章

弟子們的動向

- 使徒行傳
- 書信
- 約翰啟示錄

〈使徒行傳〉與
〈書信〉中記載
弟子們宣揚基督教的歷程。
新約聖經的最後
以〈約翰啟示錄〉閉幕，
當中描寫世界末日時，
耶穌再次降臨的情景。

安傑利科　〈最後的審判〉　1425-30年　聖馬可美術館　佛羅倫斯

傳播基督教的門徒・弟子們的動向

在耶穌升天前的門徒們都是一些膽小又不可靠的人，但是在耶穌升天後，「聖靈」降臨，門徒們就完全變了一個人。彼得意識到自己的使命就是要傳播耶穌的教誨，就以耶路撒冷為據點開始傳教。信奉耶穌的人越來越多，彼得等人互相分享自己的東西，創立了集體禱告的共同體，這就是教會的原型。

來自廣大的羅馬帝國各地，許多猶太人都聚集在耶路撒冷，也有很多說羅馬帝國官方語言希臘語的希利尼人。

司提反就是信奉耶穌的希利尼人代表人物。司提反也是觸怒猶太教徒，耶穌信徒中的第一位殉教者。猶太教徒開始迫害耶穌信徒，大部分的耶穌信徒（除了十二門徒）都從耶路撒冷逃走了。這也是基督教在耶路撒冷以外傳播的第一個契機。

而保羅原本也是迫害基督徒之一的狂熱猶太教徒。但他卻一改原本的生活方式，進行三次大規模的傳教之旅，對推廣

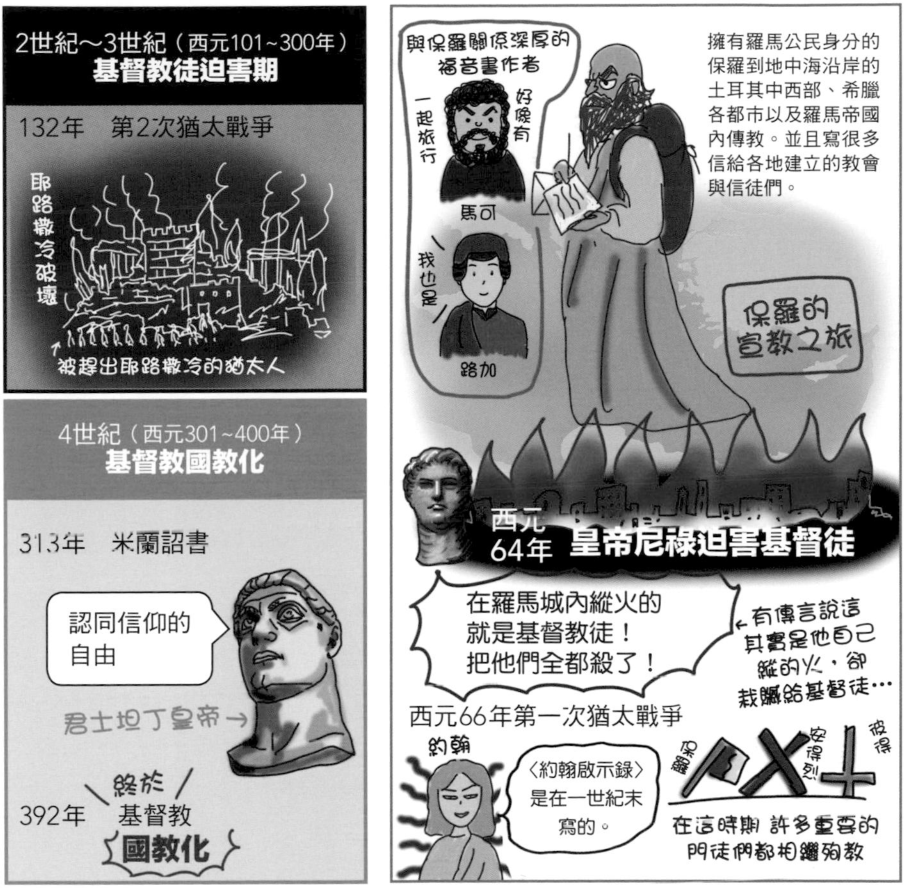
2世紀～3世紀（西元101~300年）
基督教徒迫害期
132年　第2次猶太戰爭
耶路撒冷破壞
被趕出耶路撒冷的猶太人
4世紀（西元301~400年）
基督教國教化
313年　米蘭詔書
認同信仰的自由
君士坦丁皇帝
392年　終於 基督教 國教化
與保羅關係深厚的福音書作者
一起旅行
好像有
馬可
我也是
路加
擁有羅馬公民身分的保羅到地中海沿岸的土耳其中西部、希臘各都市以及羅馬帝國內傳教。並且寫很多信給各地建立的教會與信徒們。
保羅的宣教之旅
西元64年　皇帝尼祿迫害基督徒
在羅馬城內縱火的就是基督教徒！把他們全都殺了！
有傳言說這其實是他自己縱的火，卻栽贓給基督徒…
西元66年第一次猶太戰爭
約翰
〈約翰啟示錄〉是在一世紀末寫的。
巴塞羅繆
安得烈
彼得
在這時期 許多重要的門徒們都相繼殉教

耶穌福音功不可沒。

但是，隨著基督教（這個名稱是西元一百年左右才開始用）漸漸擴散，羅馬帝國開始感受到威脅，於是開始迫害基督教。彼得與保羅被認為是西元六十年左右在尼祿皇帝的迫害下殉教的。

另外，猶太人對羅馬帝國發動過兩次（西元六六三年、西元一三二年）起義（猶太戰爭）。但最終都被鎮壓，連耶路撒冷的神殿都全被摧毀，猶太人被逐出耶路撒冷。因此基督教的活動中心也從耶路撒冷轉移到安條克、亞歷山卓，再到羅馬。

在這艱難的時期，基督教紮實地在民眾之間繼續傳播，逐漸成為羅馬帝國無法忽視的存在。然後，在耶穌過世大約三百六十年後，基督教成為了羅馬帝國的國教。

聖靈降臨

在耶穌升天後十天，也是五旬節當天，彼得等十二門徒、聖母瑪利亞與一百二十名信徒齊聚一堂禱告。

1 當大家聚集在一起時，突然天空中傳出一陣像是狂風吹過的聲音，並在屋子裡迴盪。突然出現像是火焰般的舌頭……

風吹～

2 分別落在他們每個人的上頭。

艾爾・葛雷柯　〈聖靈降臨〉
1600年左右　普拉多博物館　馬德里

3 他們一起被聖靈充滿，突然開始說起其他國家的語言。

亞洲的語言
埃及的語言
耶穌是神之子
美索不達米亞的語言
耶穌是神之子
卡帕多奇亞的語言
阿拉伯的語言
昔蘭尼的語言
耶穌是神之子
用米底亞的語言說「耶穌是神之子」……
聖靈讓他們說外國語

4 聽到聲音而聚集過來的人們都嚇傻了，彼得與其他十一位門徒都一起站著，開始說各地的方言。
猶太人與住在耶路撒冷的所有人啊，我要告訴你們一件事。
現在是早上九點。我們沒有喝醉酒。
是不是葡萄酒喝太多？
他們怎麼突然這樣!?
到底是怎麼回事!?

今天發生的事
是在舊約聖經中所預言之事。
你們的耶穌
被釘在十字架上殺死了，
他是神派來的救世主，
你們不能不信他。
兄弟們，我們該怎麼做呢？
你們要悔改，
然後以耶穌之名受洗，
請他將你們的罪赦免，
如此一來
你們也會得到聖靈。
那一天，有三千人受洗，加入他們。

馬索利諾　〈說教的聖彼得〉　1424-28年
布蘭卡契小堂　佛羅倫斯

聖彼得

十二門徒的領導人・第一任教宗

漁夫
耶穌幫他改名「磐石＝彼得」
說亞蘭語（加利利語）
耶穌給予天國的鑰匙
三次不認耶穌

聖人象徵物 ・鑰匙　・逆十字架　・三橫木手杖　・公雞

1 彼得與約翰前往神殿禱告時，看見門口有一個跛腳的人在乞討。於是彼得說：

雖然我沒有金也沒有銀，但我能把我所有的東西給你。我奉耶穌之名，站起來，走吧。
給我點什麼吧？

馬索利諾　〈治療瘸子〉（部分）

2 彼得一握住他的右手，他就立刻跳起來，站著往前走了。看到這幅景象的人都震驚不已。

哇！我從出生至今從來沒有站過。現在竟然能走了。

3 撒督該人的祭司們看到彼得與約翰對五千民眾講道，感到備受威脅，就把他們抓進牢裡。

為什麼要驚訝？那個人之所以可以走路，都是神賜予耶穌的力量。
跟我來一趟

4 隔天，大祭司們審問彼得。彼得彷彿重獲新生，以非常坦蕩的態度回答問題。

你們有什麼權力做這樣的事？
好不容易幹掉你們的頭頭了
所以！
我們是以耶穌之名做的。那個被你們釘十字架殺掉，又因神而復活的耶穌。
坦蕩！

5 大祭司在目睹奇蹟的民眾面前，只能心不甘情不願地把彼得等人給放了。

不准再給我以耶穌之名說話!!

＊P.108–109的圖都是取自〈聖彼得的一生〉　1424–28年左右　布蘭卡契小堂　佛羅倫斯

亞拿尼亞與撒非喇

1 耶穌的信徒們會同心協力互相分享自己的所有物。有一天，一個叫亞拿尼亞的人拿來了賣掉自己土地得到的錢。
彼得啊，我把我賣掉土地賺來的錢全都拿來了。
其實並不是全部的錢
金

2 彼得看出亞拿尼亞把一部分的錢藏了起來，便指責他，結果亞拿尼亞就倒下斷氣了。
你怎麼會做這種事！你在欺騙神！
怒
倒地！
咿

3 大約過了三個小時，這次是亞拿尼亞的妻子撒非喇來了。
你們是以這個價錢賣掉土地的嗎？
沒錯。就是這個價。
死掉的丈夫亞拿尼亞
馬薩喬〈分配共有財產與亞拿尼亞之死〉（部分）

4 撒非喇也說了一樣的謊，所以他也當場斷了氣。
你們為什麼要一起試探主……！要埋葬你丈夫的人也要把你一起抬出去！
怒
倒地！
聽聞這件事的人都很害怕。

各種彼得的奇蹟

只要碰到彼得的影子，疾病就能治癒！
感激不盡～
馬薩喬〈聖彼得的影子治癒生病的人〉（部分）

死人也會復活!!
馬索利諾〈大比大的復活〉（部分）

首位殉教者 聖司提反

（很像頭腫起來的）石頭

喬托 〈聖司提反〉 1330-35年
霍恩美術館 佛羅倫斯

石頭
在信徒人數增加後，因日常分配而爭執的情況就變多了。因此大家就指派聲望較好的七個人負責管理分配，主要的負責人就是司提反。
很會辯論
充滿智慧與聖靈
希利尼人（說希臘語的猶太人）

聖人象徵物
·石頭

1 司提反充滿神的智慧與力量，所以辯論時都能很快辯贏別人。惱羞成怒的人就逮捕了司提反。
這種情況的話你怎麼說
什麼
這種情況的話就……
口若懸河
把他抓起來！
長老

2 司提反被最高法院的大祭司審問。
這個男人總是藐視這個神聖的場所與律法，他還說：「耶穌要破壞這個地方，改變摩西傳給我們的教條。」
偽證人
大祭司
他說的是否正確？

3 因司提反批評猶太教徒，引起人們激憤，就被帶去城外，讓眾人開始丟他石頭。
你們殺了義人。我看見人子站在神的右邊。
你說什麼
氣
咬牙切齒
唔唔唔
去死吧!!
冷眼旁觀的掃羅（之後的保羅）
主啊，請不要將這罪歸於他們!!
如此一來司提反成為第一位殉道者。那一天，猶太教徒進行大規模迫害，許多耶穌信徒都從耶路撒冷逃往世界各地。

維森特·胡安·馬西普 〈聖司提反的殉教〉 1555-62年
普拉多美術館 馬德里

杜勒　〈四位門徒〉中的〈保羅與馬可〉（部分）
1526年　老繪畫陳列館　慕尼黑

聖保羅

從迫害者轉變為傳道者

掃羅 → 保羅

羅馬公民
亞蘭語、希臘語流利
熟悉律法
家業是帳篷職人
猶太名是掃羅，羅馬公民的名字是保羅
沒見過生前的耶穌
進行三次大規模傳教之旅
出生於羅馬帝國基利家省大數城的猶太人

聖人象徵物

- 劍
- 書籍
- 卷軸

1 贊成殺害司提反得的掃羅也迫害其他基督教徒。他闖入信徒的家與教會，不論男女一率送入監獄。

散布「耶穌是彌賽亞」之類的謠言，看我怎麼根絕你們這個新的邪教!!
你們這些傢伙!!
我要殺了你們
呀~~
慘了
是掃羅~
啊

2 掃羅追殺迫害那些逃亡的耶穌信徒們，殺氣騰騰地拿著大祭司的委任狀前往大馬士革。突然，天上有一道光照亮他的四周，掃羅撲倒在地上。

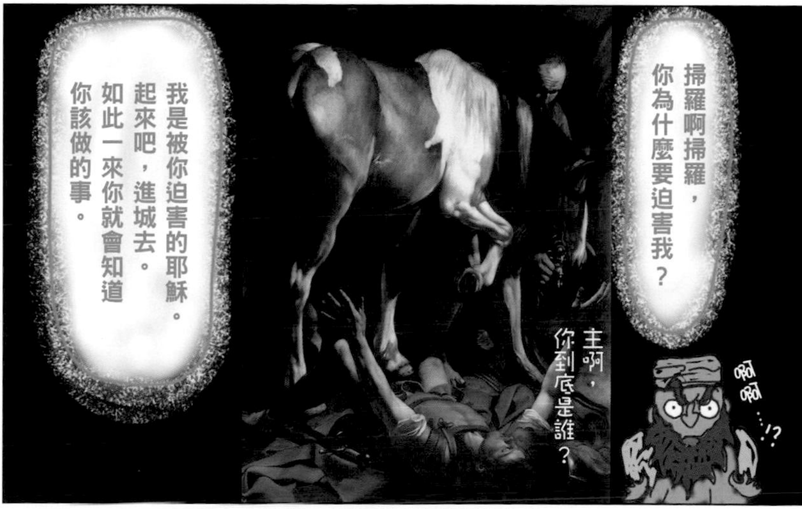

掃羅啊掃羅，你為什麼要迫害我？
啊啊……!?
主啊，你到底是誰？
我是被你迫害的耶穌。起來吧，進城去。如此一來你就會知道你該做的事。

卡拉瓦喬　〈掃羅跌落（聖保羅的悔改）〉
1600–01年　人民聖母聖殿　羅馬

3 周圍的人們都有聽到聲音，但是沒有看見人。掃羅站了起來，眼睛卻看不見了，他們牽著他的手進了大馬士革。
明明有聽到聲音……
卻看不到人……
眼、眼睛看不見了！
4 那之後的三天裡，掃羅看不見，也不吃不喝。這時，在大馬士革有一位耶穌的弟子，名叫阿納尼亞，他聽到了呼喚。
去掃羅那裡吧
阿納尼亞
咦？但是我聽說那個人在迫害信你的人……
5 阿納尼亞按照吩咐去見掃羅，並把手按在掃羅頭上。
去吧！那個人是我揀選的容器，為了向異邦人、王，以及耶路撒冷的子民們宣揚我的名。
好的。遵命！
嗯？
6 於是掃羅的眼裡掉落出像是鱗片的東西，重見光明了。
掉落
掉落
是「眼中出鱗片」的由來
嗚哇哇 主啊～
這時掃羅已悔改，受洗後成為耶穌的信徒。
7 掃羅像是變了一個人似的，開始向民眾們傳授耶穌的教導。目睹一切的人都驚訝得說不出話。
耶穌才是神之子!!
你說什麼
這個人說的話怎麼跟之前相反？
傻眼
8 掃羅去耶路撒冷見彼得等十二門徒，並成為他們的夥伴。
猶太人與異邦人沒有分別
去對異邦人宣教吧！
我知道了！
我會去很多地方!!
掃羅成為了傳道者保羅。

保羅的傳道之旅

保羅肩負著向異邦人傳教的使命，前前後後共三次到羅馬帝國的各大城市進行大規模的傳道之旅（＋強制移送羅馬之旅）。並且致力於將耶穌的福音傳播到各地，積極經營與建立教會。有傳聞說福音書作者路加與馬可是他旅行傳教的旅伴（有各種說法）。

馬可
在第一次
傳道之旅同行
我與表哥巴拿巴一起陪同保羅前往傳教之旅，
但是在旅途中大吵一架，我丟下他們自己回去了。
之後就寫下第一本福音書。

羅馬
黑海
帖撒羅尼迦
腓立比
庇哩亞
特羅亞
多里來昂
西西里島
雅典
以弗所
以哥念
科林斯
大數
敘拉古
佩爾加
萊斯
特拉
特庇
帕大喇
羅德島
安提約基雅
馬爾他島
帕弗
薩拉米斯島
地中海
克里特島
賽普勒斯島
凱撒利亞
耶路撒冷
第1次
第2次
第3次
傳道旅行
到羅馬的旅程

在希臘與羅馬
有一起同行
路加
我原本是醫生，我把跟保羅一起旅行時
聽到的耶穌事蹟寫成福音書，
並且把使徒們的故事寫成〈使徒行傳〉喔。

門徒們的殉教

來自羅馬帝國的迫害使得門徒們紛紛殉教。

安得烈之死

彼得的弟弟安得烈被釘在X型十字架上。

那我就是X。

胡安・科雷亞 〈聖安得烈的殉教〉
1540-45年左右 普拉多美術館 馬德里

彼得之死

傳聞在羅馬建立教會的彼得因尼祿皇帝的迫害，而被處以倒十字架之刑。

讓你跟耶穌用一樣的處刑就太便宜你了！
給我把十字架倒轉過來！

菲利普・利皮 〈聖彼得的殉教〉 1482-85年左右
布蘭卡契小堂 佛羅倫斯

保羅之死

關於保羅的死沒有詳細的描述。一般認為保羅跟彼得同時期在羅馬殉教。

取自約翰啟示錄

最後的審判

在世界末日時下審判

下判決的耶穌
手持象徵耶穌受難道具的天使們
白百合＝無罪之人
劍＝有罪之人
十二門徒
聖母瑪利亞
施洗約翰
天使吹起喇叭，死去的靈魂甦醒，最後的審判即將開始
判決前往地獄的靈魂被惡魔抓走
從墳場甦醒的靈魂
天使與惡魔在搶奪靈魂
善良的靈魂比較重
大天使米迦勒手持測量罪行重量的天秤

〈中央區塊・最後的審判〉

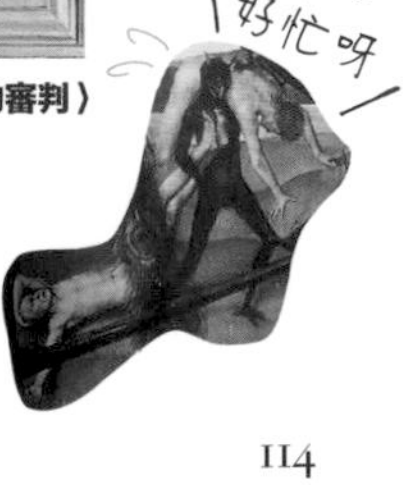

啊～好忙呀

梅姆林　〈最後的審判〉的祭壇畫　1467-73年　格但斯克國立博物館　格但斯克

莊嚴的歌德建築
形式的天堂之門
天使們吹奏著音樂
祝福進入天堂的靈魂
發送衣服的天使們
迎接善良靈魂的聖彼得

〈左翼區塊・天堂之門〉

被投入地獄業火的靈魂們
因恐懼而顫抖的靈魂們
努力工作的惡魔們

〈右翼區塊・地獄〉

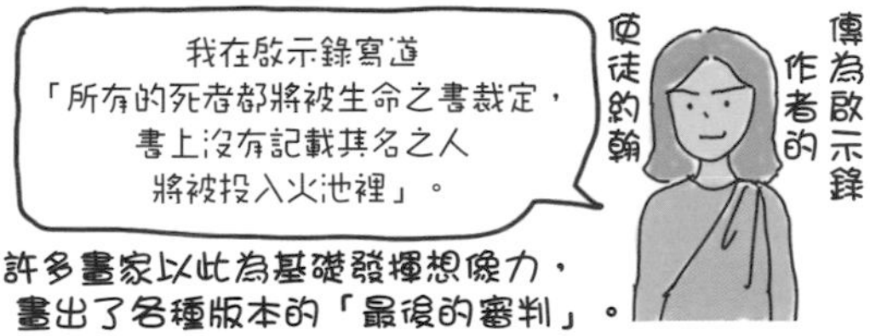
傳為啟示錄作者的
使徒約翰
我在啟示錄寫道
「所有的死者都將被生命之書裁定，
書上沒有記載其名之人
將被投入火池裡」。

許多畫家以此為基礎發揮想像力，
畫出了各種版本的「最後的審判」。

附錄 基督教藝術中的「聖人聖女」

聖人聖女即使同樣是基督教，根據宗派的不同，被選為聖人聖女的人選也不同，但在天主教，是指根據教皇的權限被列聖的人物。他們通常是生前信仰虔誠、博學多聞，且品格高尚，能作為信徒榜樣的人物，而且殉教者也很多。成為繪畫的主角時，會通過固定的圖像、象徵物（象徵聖人的東西）暗示特定的人物。聖人也是人們祈願的對象，保護人民遠離疾病和災禍。他們也成為各種職業和村莊的守護聖，凝聚了眾人的信仰，並被畫成了許多畫作。

施洗約翰
聖阿格尼絲
聖加大肋納（亞歷山大）

安傑利科
〈聖人與殉教者與基督教的先驅者〉
1423-24年　國家美術館　倫敦

聖人・聖女持續增加

直至今日，天主教在德高望重的人物過世後，會申請列聖並對其進行嚴格調查（有時需要幾百年），由教皇認可後才會被宣告為聖人。

聖女貞德被當作異端被火燒死，於四百八十九年後的西元一九二〇年才被封聖。近年來，德蕾莎修女於西元二〇一六年被封聖。

怎麼花了這麼多時間？

1900年左右的聖女貞德
小型彩畫

記得這些聖人象徵物的話，就能在群眾中分辨出聖人聖女喔
施洗約翰
記得我的象徵物嗎 參考P.34吧

《黃金傳說》15世紀的手抄本←

作者是熱那亞的大主教雅各·德·佛拉金

這本書裡介紹的都是人氣很高，很常出現在名畫中的聖人。13世紀的著名讀物《黃金傳說》，記載許多關於聖人們的傳說。
這本書還真是厚呀
《黃金傳說》→

聖人·聖女象徵物一覽表

聖女		聖人		
（亞歷山大的）**聖加大肋納**	**聖烏爾蘇拉**	**聖方濟各**	**聖耶柔米**	**聖安東尼**
遭受鐵刺車輪刑具處刑的場景	張開披風庇護一群女性的姿勢	外觀為修道士身上顯現聖痕對鳥說教	外觀為樞機在荒野修行或在書房工作	被惡魔欺負的老人

聖阿格尼絲	**聖亞加大**	**聖喬治**	**聖塞巴斯提安**	**聖克里斯多福**
裸體的長髮少女	乳房遭切除或是手拿被切除的乳房	身穿甲冑的屠龍騎士	身上插滿箭矢的裸體青年	肩上背著嬰兒（耶穌）過河的壯漢

聖安東尼

忍受惡魔欺凌的第一位修道士

格呂內瓦爾德 〈聖安東尼〉
（取自伊森海姆祭壇畫）
1512–16年 恩特林登博物館 科爾馬

出生於埃及
在251年左右出生於
富有的基督教信徒之家
20歲的時候把家產分給窮人，
在洞穴中隱居生活
受到惡魔的各種幻覺
和誘惑折磨
修道院制度創始人
活到105歲
黑死病、家畜(養豬)、
瘟疫守護聖人

1 父母去世後，聖安東尼在二十歲時決定隱居。
我要放棄所有財產，在洞穴中生活。
實際執行了二十年

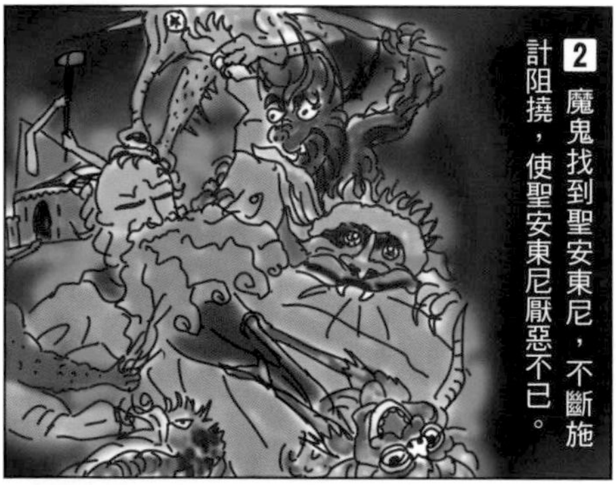
2 魔鬼找到聖安東尼，不斷施計阻撓，使聖安東尼厭惡不已。

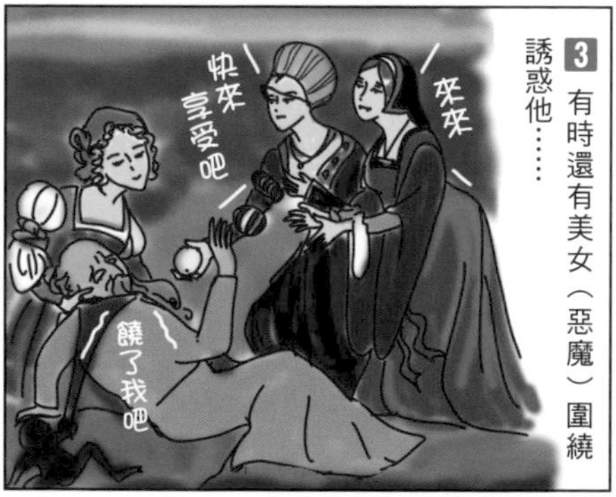
3 有時還有美女（惡魔）圍繞誘惑他……
來來
快來享受吧
饒了我吧

4 但是聖安東尼沒有屈服，擊退了惡魔。後來他培養了許多徒弟，被稱為「修道士之父」。
我是不會輸的……

松高爾 〈聖安東尼的誘惑〉(部分)
1470–75年 銅版畫

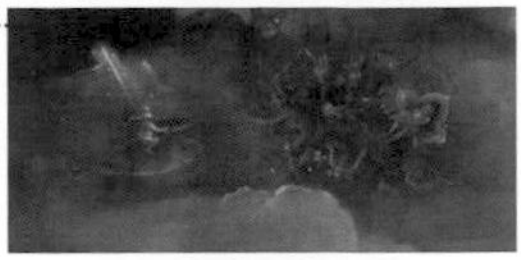
天上也在打架

不用了謝謝……
一起玩水嘛♥

帕提尼　〈聖安東尼的誘惑〉
1520-24年　普拉多美術館　馬德里

房子被放火
火燒到頭上慌忙逃跑的聖安東尼

冷靜觀察……

耶羅尼米斯・波希　〈聖安東尼的誘惑〉
1510-15年以後　普拉多美術館　馬德里

好痛~

格呂內瓦爾德　〈聖安東尼的誘惑〉（局部，取自伊森海姆祭壇畫）
1512-16年　恩特林登博物館　科爾馬

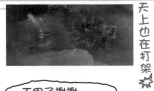

聖耶柔米

致力於拉丁文聖經的宗教學家

馬薩喬　〈施洗約翰和聖耶柔米〉(部分)
1401-29年　國家美術館　倫敦

達爾馬提亞
（克羅埃西亞）出生
347年左右出生
將聖經從希臘文
翻譯成拉丁文
博學多聞
留下龐大著作、
翻譯、書信
聖職者、教師、學生、
翻譯者、大學的守護聖人

1 聖耶柔米於羅馬研究了神學後，在荒野上過着嚴酷的禁慾生活。

我用石頭
捶打自己，進行著
嚴峻的修行
受難像

盧卡斯・克拉納赫（父）〈荒野的聖耶柔米〉
1502年　藝術史博物館　維也納

2 應教皇塔馬斯一世的邀請，聖耶柔米開始將聖經翻譯成拉丁文。

《烏爾加達聖經》
拉丁語聖經的定版，對後世產生
巨大影響

3 聖耶柔米在伯利恆修道院中過著研究生活時，一頭獅子出現了。

那個～
我腳上扎著刺好痛……
嗯？
哇有獅子！大家快跑

4 拔掉了獅子的刺後，獅子終生跟隨著聖耶柔米。

應該很痛吧？
我幫你拔掉囉……
感激不盡

科蘭多尼奧　〈拔獅子刺的聖耶柔米〉
1440-70年左右　卡波迪蒙特美術館　拿坡里

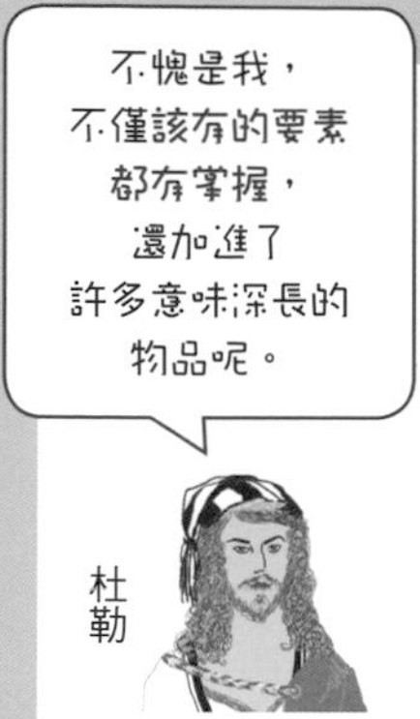
不愧是我，
不僅該有的要素
都有掌握，
還加進了
許多意味深長的
物品呢。
杜勒

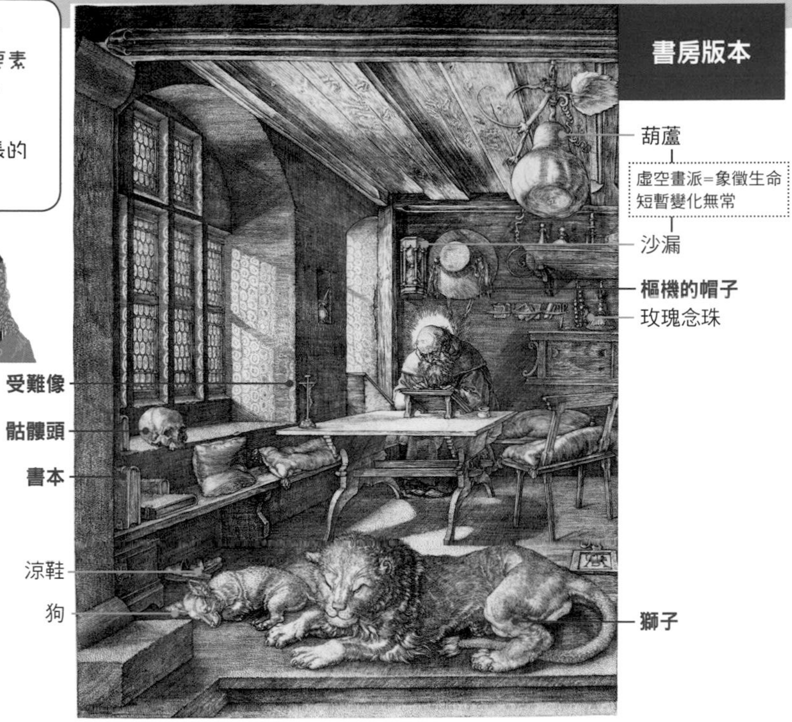
書房版本
葫蘆
虛空畫派=象徵生命短暫變化無常
沙漏
樞機的帽子
玫瑰念珠
受難像
骷髏頭
書本
涼鞋
狗
獅子

杜勒　〈書房的聖耶柔米〉　1514年　銅版畫

梅西那　〈書房的聖耶柔米〉　1475年左右
國家美術館　倫敦

卡拉瓦喬　〈執筆的聖耶柔米〉　1605年左右
博爾蓋塞美術館　羅馬

居然在這裡畫上獅子的影子！

聖方濟各

方濟各修道會創始人

繪聖方濟各・瓦爾迪大師
〈聖方濟各・瓦爾迪〉
13世紀
聖十字聖殿　佛羅倫斯

出生於1181年左右
阿西西的
富有毛織品商的長子
年輕時是浪子
因幻視而醒悟
對耶穌的愛，放棄財產
並開始隱士生活
創立了方濟各修道會。
由依諾增爵三世認可
其修道會會規
清貧純潔順從為座右銘
身上顯現聖痕*
死後不久
就被封為聖人
髮型是受
剃髮禮後的
頭頂剃髮
褐色布料
和腰繩
（打3個結）

義大利、裁縫店、商人的守護聖人

＊身上顯現出與耶穌受刑時的傷口處一樣的傷痕。

1 方濟各出生於一個非常富裕的商人家庭，是一個普通的年輕人，夢想成為詩人，或是戰爭中耀武揚威的騎士。但是有一次他看到了耶穌的幻象，醒悟信仰，將財產全部分給了窮人，走上了信仰之路。

你這個笨兒子！
捨棄家庭與財產，
侍奉耶穌！
↑連自己穿的衣服都捨棄了，所以赤身裸體

喬托　〈放棄財產〉
1300-25年　聖方濟各聖殿　阿西西

驚
什麼～兒子你發什麼瘋呀～
老爸！
我要放棄一切，效忠基督!!

2 方濟各修繕破碎的教堂，接著開始了受施捨的生活。後來，受方濟各講道所感動的人逐漸聚集在一起，成立了方濟各會。以「清貧、純潔、順從」為宗旨，透過勞動為社會服務、接受施捨之共同生活的全新修道會誕生了。

方濟各愛著神的所有創造物，所以對鳥兒也進行佈道

喬托　〈小鳥佈道〉　1297-99年
聖方濟各聖殿　阿西西

熾天使撒拉弗（與耶穌）留下聖痕的瞬間

喬托　〈接受聖痕的聖方濟各〉
1295年前後　羅浮宮　巴黎

備受尊敬的方濟各於1226年10月3日去世。僅僅2年後便被封聖。屍體長眠於聖方濟各聖殿

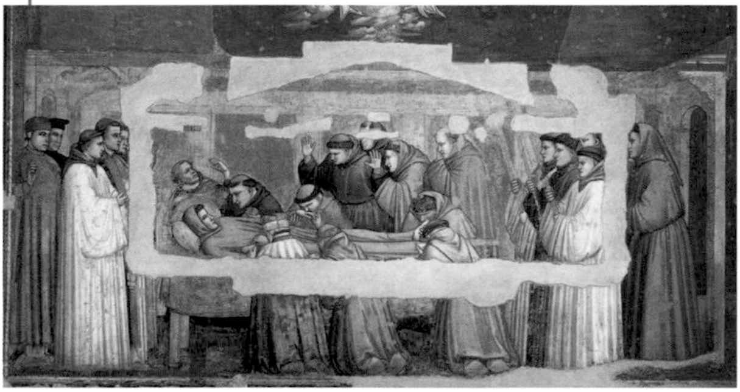

喬托　〈聖方濟各的葬禮〉　1325年　聖十字聖殿　佛羅倫斯

世界遺產

聖方濟各聖殿

聖方濟各死後立即開始建設阿西西聖方濟各聖殿，至今仍是基督教徒的重要巡禮地。教堂裡保留著許多非常珍貴的藝術作品。身廊壁畫是喬托的濕壁畫傑作〈聖方濟各傳〉（共28個場景），此外還有契馬布埃、西蒙尼・馬蒂尼等人創作的濕壁畫。

聖克里斯多福

一肩扛起耶穌與全世界的巨人

耶羅尼米斯・波希　〈聖克里斯多福〉
1500年左右　博伊曼斯范 伯寧恩美術館　鹿特丹

出生於卡南
250年左右去世？
巨漢
外貌不修邊幅
想服侍世界上最強大的王
將幼子耶穌背到河對岸

旅客、意外、
醫生、園丁、現代送貨員、
卡車司機等的守護聖人

1 克里斯多福一直想服侍世界上最強大的王，有天從一位隱士那裏得到了忠告。

那麼，你就成為守江人並等候吧。一位連惡魔也能戰勝的耶穌大人將會現身。
是嗎？

2 有一天，傳來了小孩呼叫克里斯多福的聲音。

請帶我到對岸去。
小事一件

基蘭達奧〈聖克里斯多福〉1469-94年左右　大都會美術館　紐約

3 開始過河後，水面漸漸高漲起來，孩子也變得像鉛塊一樣沉重。

孩子，把全世界放在肩上也沒有你這麼重啊！
當然啦，我可是創造這個世界的王。

羅倫佐・洛托　〈聖克里斯多福〉(部分)
1531年　畫廊　柏林

4 幼子耶穌給的證據是留下一句「讓你的枴杖開花」，之後就消失了。

呀呀！

克里斯多福把枴杖插在地上，第二天早上便長出了葉子，還結了果實。

聖塞巴斯提安

無論被箭怎麼射也不會死的鼠疫之庇護者

圭多・雷尼　〈聖塞巴斯提安的殉教〉
1615年左右　紅宮　熱那亞

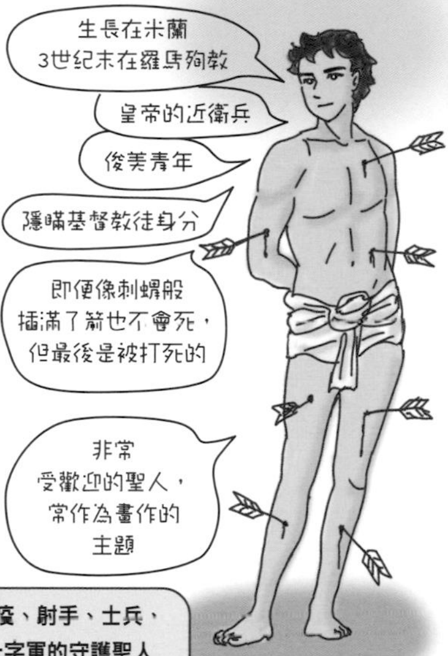

生長在米蘭
3世紀末在羅馬殉教
皇帝的近衛兵
俊美青年
隱瞞基督教徒身分
即便像刺蝟般插滿了箭也不會死，但最後是被打死的
非常受歡迎的聖人，常作為畫作的主題

鼠疫、射手、士兵、十字軍的守護聖人

1 塞巴斯提安是一位侍奉羅馬皇帝的近衛兵，但他暗地信仰基督教，幫助著信徒們。

不需懼怕死亡
安撫鼓勵殉教者 →
多虧有你我才能無所畏懼

2 但是卻被皇帝發現信仰，之後遭弓箭處決。但不管被射多少箭，都不會死……。

這傢伙怎麼射都不會死！

波拉約洛
〈聖塞巴斯提安的殉教〉
1475年　國家美術館　倫敦

刺蝟風格

克里韋利　〈聖塞巴斯提安的殉教〉　1490-99年　波爾迪佩佐利美術館　米蘭

3 在一位名為伊萊妮的女性的照料下回復了傷勢。

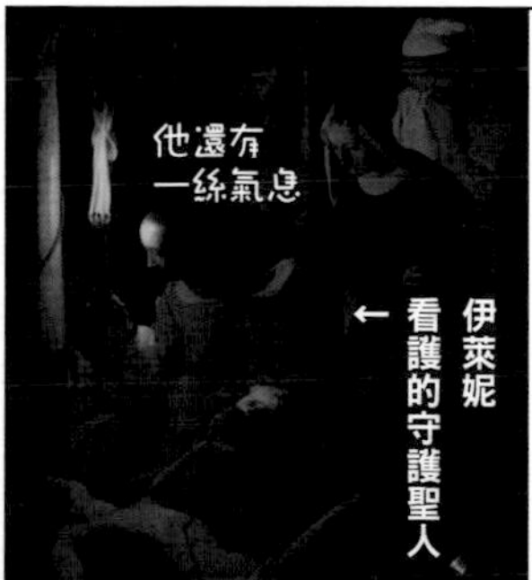

他還有一絲氣息
伊萊妮看護的守護聖人 ←

喬治・德・拉・圖爾　〈受伊萊妮照料的聖塞巴斯提安〉
1649年左右　羅浮宮　巴黎

4 再次被捕並被打死。屍體被扔進了下水道。

啪嘰

聖喬治

擊退惡龍並拯救公主的白馬騎士

克里韋利 〈聖喬治〉
1472年 大都會美術館 紐約

出身於卡帕多奇亞
在303年左右殉教
羅馬軍官
許多人理想的騎士形象，相當受歡迎
拯救了差點成為龍之祭品的公主
忍受了各種嚴刑拷打後殉教

眾多國家（英格蘭、希臘、喬治亞等）、城市、騎士團的守護聖人

1 利比亞的一座村莊的人們為了安撫會噴散毒氣的龍，每天都獻出一隻羊和一個人作為祭品。

吼
一羊
一人

2 有一天，在公主差點成為祭品的時候，聖喬治路過此地，一瞬間就活捉了這條龍。

烏切洛 〈聖喬治和龍〉 1470年左右
國家美術館 倫敦

3 帶着變得像小狗一樣溫順的龍和公主回到小鎮的喬治，對村民這樣說道：

我為了幫助你們被神派到這裡。現在，所有人都要相信耶穌並接受洗禮。那樣的話，我就會把這條龍殺掉。
咕~
什麼！

4 以國王為首，全體居民都受洗了。喬治便按照約定消滅了龍。

被殺死了~

聖女列傳

忍受嚴刑拷打、貫徹信仰而成為傳奇，美麗又聰明的女性們

梅姆林〈守護少女的烏爾蘇拉〉（〈聖烏爾蘇拉的聖遺物箱〉）1489年 梅姆林美術館 布魯日

聖烏爾蘇拉

與一萬一千名處女一起殉教

科隆、年輕女孩們的守護聖人

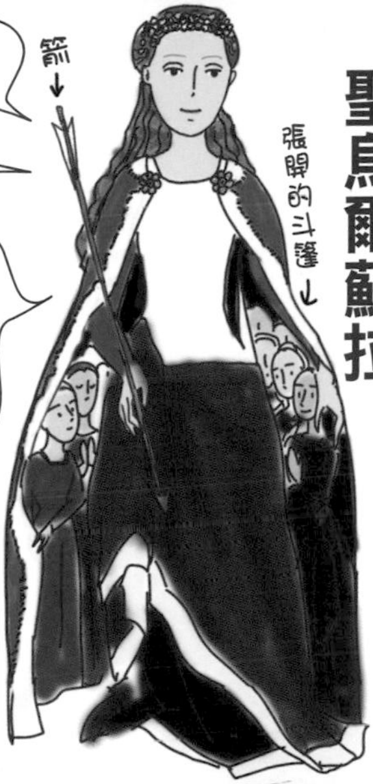

普利塔尼亞公主
304年？左右殉教
被英格蘭國的王子求婚，以王子改信基督教以及她的羅馬巡禮之旅（伴隨1萬1千名處女）為條件承諾婚姻
箭
張開的斗篷

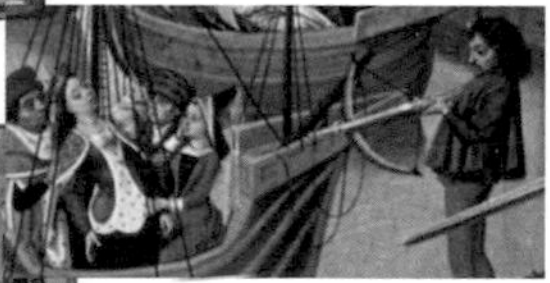

被近距離射穿的烏爾蘇拉

作者不詳〈烏爾蘇拉的傳說〉十五世紀後期 格羅寧格博物館 布魯日

烏爾蘇拉從羅馬搭船返回，卻在上岸科隆時被匈奴人襲擊，與伴隨的處女們一同殉教

烏爾蘇拉

匈奴的士兵將少女們一個接一個砍頭

科隆城

作者不詳 〈烏爾蘇拉〉 1411年左右 瓦爾拉夫・里夏茨博物館 科隆

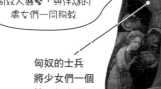

亞歷山大的聖加大肋納

差點被車輪刑具撕碎的聖女

少女、處女、學生、教師、律師、神學家、車匠等的守護聖人

卡拉瓦喬
〈亞歷山大的聖加大肋納〉
1597年左右
提森-博內米薩博物館　馬德里

塞浦路斯國王的女兒
具有高度教養的美女
駁倒50名異教徒哲學家，讓其改信基督教
與耶穌進行了「神祕婚姻」
在遭受車輪刑時，被天使救出
之後於4世紀初在亞歷山大被斬首殉教
車輪

在聖母瑪利亞的仲介下，與耶穌「神祕婚姻」的場面

戴上了戒指↑

科雷吉歐　〈聖加大肋納的神祕結婚〉(部分)
1526-27年　羅浮宮　巴黎

↓將被斬首的瞬間

←閃電劈打刑具的版本，宛如科幻片般的逼真感。

盧卡斯・克拉納赫（父）　〈聖加大肋納的殉教〉
1508-09年左右　Ráday歸正宗教會　布達佩斯

天使趕來破壞車輪

正在執行車輪刑的場景↓

→帶有鐵刺的車輪左右分別向相反的方向轉動，將身體撕碎的拷問工具

高登齊奧法拉利　〈聖加大肋納的殉教〉
1540年　布雷拉美術館　米蘭

聖亞加大

乳房被切除的聖女

麵包師傅、乳癌患者的守護聖人

↑盤上的是被切下的乳房

祖巴蘭　〈聖亞加大〉　1635-40年
法布爾美術館　蒙皮立

西西里島卡塔尼亞貴族出身
因拒絕成為總督的情婦差點被以火刑處死，但倖免於難
兩乳房被切下，但聖彼得現身，治癒了傷口
之後仍走上殉教之路
「乳房」是象徵物

用鐵鉗扯下乳頭的行刑人。刀子也準備好了←

皮翁博〈聖亞加大的殉教〉1520年　帕拉提納美術館　佛羅倫斯

聖阿格尼絲

赤身裸體被扔進娼館的少女

純潔、園丁、少女和夫婦的守護聖人

頭髮轉眼間長得密密麻麻，覆蓋了全身←

里貝拉　〈聖阿格尼絲〉　1641年
歷代大師畫廊　德勒斯登

13歲時殉教
拒絕長官兒子的求婚，被扒光衣服送到娼館，但頭髮卻突然長長覆蓋了全身
之後殉教
棕櫚樹的枝條↓
羔羊（耶穌基督）

羔羊=耶穌基督
阿格尼絲和耶穌進行了
「神祕婚姻」

約翰・施勞道夫　〈聖阿格尼絲〉　1842年
新繪畫陳列館　慕尼黑

天使的階級

宗教繪畫中出現過很多的天使。從告知受胎的重要角色——主角級的大天使，到無數翱翔在天上之臨時演員級的嬰兒天使，其實相當多采多姿。他們實際上有嚴格的階級（5世紀左右建立起的體系）。了解他們階級的話，看起來位階很高的大天使其實只是下級天使等，常會有意想不到的發現，對天使的看法也會不一樣呢。

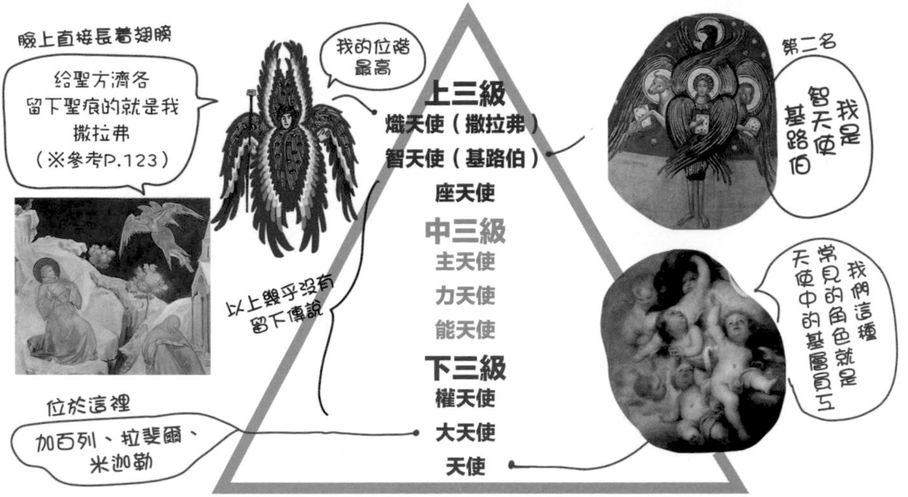

◆◆◆ 按照階級排序的天使軍團 ◆◆◆

波提切利 〈聖母加冕〉(部分) 1475－76年左右 國家美術館 倫敦

◆◆◆ 畫中經常出現的天使 ◆◆◆

天使
雖然我們在畫的
上方占幅很大，
但我們是最普通的
天使
熾天使or智天使
只有臉的我們是最高位的天使
天使
奏樂的天使也是基層

佩魯吉諾　〈科爾恰諾祭壇畫〉(部分)　1513年　聖瑪利亞教會　科爾恰諾

大天使

米迦勒

與墮落天使、惡魔、龍戰鬥，負責軍事行動

劍
甲冑
覺悟吧！
翅膀
負責戰鬥

*與聖喬治的區別為翅膀的有無

焦爾達諾　〈將墮落天使打入深淵的大天使米迦勒〉(部分)
1660-65年左右
藝術史博物館　維也納

拉斐爾

人類的保護者，也會治療疾病

沒有特別的
象徵物
安心吧
負責治療

*拉斐爾在「托比亞斯」中登場

菲利皮諾・利皮
〈托比亞斯與天使〉(部分)
1475-80年　國家美術館　華盛頓

加百列

負責向人類傳達神意

我跟
你們說…
白百合
負責傳聲

安傑利科　〈聖母領報〉　1426年左右
普拉多博物館　馬德里

你像誰呢？

起點

你喜歡冬天
還是夏天？

a. 夏天
b. 冬天

喜歡在眾人
面前說話嗎？

a. 是
b. 不是

想試試看
修行之類的事？

a. 是
b. 不是

獵人或漁夫，
你適合哪一種呢？

a. 獵人
b. 漁夫

能使用
時光機的話，
當然是前往？

a. 文藝復興時代
b. 羅馬時代

喜歡
開派對嗎？

a. 是
b. 不是

出人頭地的慾望
強烈？

a. 是
b. 不是

你是很會
勸架的人嗎？

a. 是
b. 不是

你是注重
流行的人嗎？

a. 是
b. 不是

常被說
活力充沛？

a. 是
b. 不是

英雄的形象
應該要是肌肉男？

a. 是
b. 不是

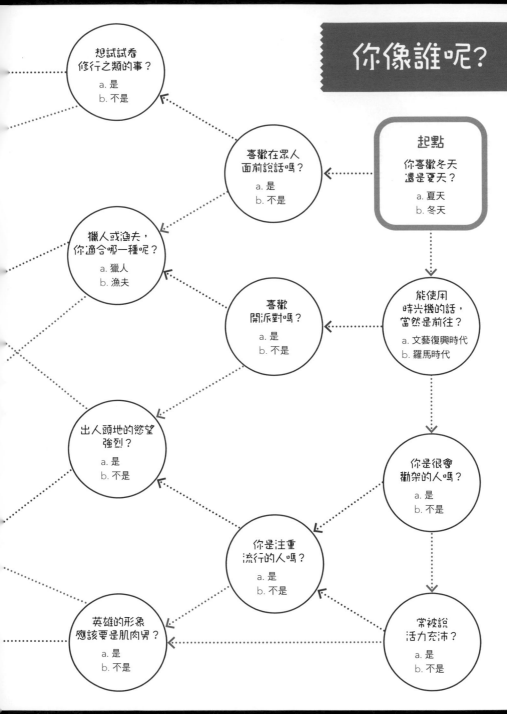

可靠的大哥哥

雖然擁有領先時代的先見之明，但是也很瞭解自己的實力。應該會有許多人仰慕你。

施洗約翰

你的膽量是金氏世界紀錄級

不會為小事動搖的你，可能會被委以重任。到時候就心甘情願地接受吧。

聖母瑪利亞

肚量最大的男人

不管發生什麼不合理的事情，都能忍耐下來並做出最好的行動，你的愛是世界上最偉大的愛。

養父約瑟

萬事精通的秀才型

對數字很強，常以為自己是理組，但也有以文章在歷史上青史名留的實力。

馬太

遇到關鍵時刻的命運

總是小心翼翼地輔助領導者的你。也許會成為重大場面的目擊者。

抹大拉的瑪利亞

在肩負重任時發揮你的能力

就算時常失敗，也沒有自信，只要發揮責任感就會展現出驚人的力量。也很擅長管理鑰匙。

彼得

有時極端地改變生活方式也會有幫助

不管別人怎麼看你，你都能沿着自己所相信的道路前進。
可能會以驚人的行動力留下足跡。

保羅

雖然不是壞人，但會扮演壞人的角色

雖然喜歡重要的工作，但實際上非常優柔寡斷。不要做出自己不情願的判斷。

彼拉多

神祕的反派角色

會在關鍵時刻做出了自己也意想不到的行為。注意衝動的行動會導致嚴重的後果。

猶大

適合當領導者嗎？
a. 是
b. 不是

常被人誤會？
a. 是
b. 不是

當聽到震驚的消息常陷入恐慌嗎？
a. 是
b. 不是

親戚中有名人？
a. 是
b. 不是

對金錢的管理有把握？
a. 有把握
b. 不這麼覺得

能忍受與他人共同生活？
a. 是
b. 不是

語言能力很好？
a. 是
b. 不是

猶豫的時候常憑著直覺做選擇？
a. 是
b. 不是

有過背叛重要之人的經驗嗎？
a. 是
b. 不是

如果自己出現在電影裡會是壞人的角色嗎？
a. 是
b. 不是

結語

我第一次讀完整本《新約聖經》時，覺得並不能像小說一樣順暢地閱讀，而且還有很多艱澀難懂章節。但是，如果在聖經中讀到的是我看過的畫，我就會想：「啊！我知道這個故事！原來畫家那樣畫是因為聖經這樣描述啊！」讓我對聖經產生興趣，而且又再次被藝術的力量感動。

經過這次《新約聖經》的繪畫工作，我在畫完之後感覺到自己產生很巨大的改變。那就是，我在翻開西洋畫冊時，不會像以前一樣簡單翻過去。

以前不太有興趣的畫也覺得「啊！這邊擺滿了象徵耶穌受難的物品呢」，或是看風景畫的時候，也會覺得「會不會在某處藏有小惡魔在欺負聖安東尼呢？」，不知不覺就開始仔細觀察起來，像這樣吸引我的東西變多了，所以一點都不會覺得厭倦。在瞭解《聖經》的故事後，也學到了象徵物等圖像學方面的知識，從沒想過會因此在美術鑑賞時產生這麼大的變化。如果讀完本書的讀者也能有同樣的感受，就是讓我最開心的事了。在這裡我要謝謝河出書房新社的竹下純子小姐，總是能幫我抓住要點，提出正確的建議，帶領我們完成此書。以及仔細閱讀細節並幫助我們作最後把關的校對者，還有我的家人，對於我「基督教是什麼？」的提問，一直耐心地給予解答，我要致上誠摯的感謝。

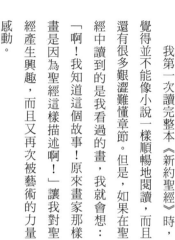

參考文獻

新共同譯本聖經執行委員會　《新共同譯本舊約聖經　附續集》　1995年　日本聖經協會

犬養道子　《新約聖經物語》　1976年　新潮社
荒井献編　《新約聖經外典》　1997年　講談藝庫
日本聖經協會、町田俊之監修　《藝術聖經》　2003年　日本聖經協會
日本聖經協會、町田俊之監修　《藝術聖經2》　2008年　日本聖經協會
脇田晶子　《聖經物語新約篇（1）耶穌基督的福音》　1992年　女子保羅會
脇田晶子　《聖經物語新約篇（2）使徒們的傳教與書信》　1992年　女子保羅會
諸川春樹監修　《西洋繪畫的主題故事（I）聖經篇》　1997年　美術出版社
加藤隆　《新約聖經的誕生》　2016年　講談社學術文庫
巴特・葉爾曼　《被改寫的聖經》　松田和也譯　2019年　筑摩學藝文庫
白取春彥　《一本書讀懂聖經》　2015年　三笠書房
生田哲　《快速讀懂聖經》　2000年　日本實業出版社
竹下節子　《基督教》　2002年　講談社選書mechie
雅各・德・佛拉金　《黃金傳說1》　前田敬作、今村孝譯　1979年　人文書院
雅各・德・佛拉金　《黃金傳說 2》　前田敬作、山口裕譯　2006年　平凡社
雅各・德・佛拉金　《黃金傳說3》　前田敬作、西井武譯　2006年　平凡社
雅各・德・佛拉金　《黃金傳說4》　前田敬作、山中知子譯　2006年　平凡社
山形孝夫　《圖解聖經故事　新約篇》新裝版　2017年　河出書房新社
James Hall　《西洋美術解讀事典　繪畫・雕刻的主題與象徵》　新裝版　2021年　河出書房新社
早坂優子　《天使的收藏　住在美術館的天使們》　1995年　視覺設計研究所
早坂優子　《瑪利亞的媚眼　聖經的名場面集》　1995年　視覺設計研究所
早坂優子　《鑑賞美術所需的基督教美術辭典》　2011年　視覺設計研究所
利倉隆　《天使的藝術與故事》　1999年　美術出版社
利倉隆　《惡魔的藝術與故事》　1999年　美術出版社
架神恭介　《作為黑暗奇幻小說來讀的聖經入門》　2015年Eastpress
架神恭介　《無仁無義的基督教史》　2014年　筑摩書房
上村静　《舊約聖經與新約聖經　聖經究竟是什麼》　2011年　新教出版社
Barry・J・Beitzel、船本弘毅監修　《從地圖與繪畫來讀的聖經大百科》普及版　山崎正浩等人譯　2013年　創元社
泉田昭等人編　《新聖經辭典》新裝版　2014年　命之言出版社
Otto・Wimmer　《圖說聖人事典》　藤代幸一譯　2011年　八坂書房
H・W・Janson & S・Kaufman　《西洋藝術史》　木村重信、辻成史譯　1980年　創元社
Giorgio Bonsanti　《學院美術館　導覽與全作品型錄》　1996年　Pekochi&Skara
成瀨治等人監修　《山川　世界史總合圖錄》　1994年　山川出版社

杉全 美帆子

出生於神奈川縣。女子美術大學繪畫科西洋畫組畢業。
任職於廣告製作公司、廣告代理商，從事平面設計的工作。
2002年起遠赴義大利留學。
2008年畢業於佛羅倫斯學院（Accademia di Firenze）。
著作：
《誕生自黑暗的輝煌年代！揭開文藝復興大師們的神祕面紗》
《不只是傳奇！圖解全能天才達文西》
《印象派畫家的光影色彩世界》
《名畫賞析：奇想畫家的美學世界》
《一點也不正經的希臘眾神們：讓有趣插圖帶你輕鬆了解希臘神話故事》
《圖解世界名畫裡的聖經故事：史上最歡樂！》
（皆為台灣東販出版）

杉全美帆子的圖解美術系列製作日誌：
http://sugimatamihoko.cocolog-nifty.com/

日文版STAFF
裝訂、內文設計／GRiD
插圖／杉全美帆子

神解析！
西洋名畫中的新約聖經故事

2022年4月1日初版第一刷發行

作　　者	杉全美帆子
譯　　者	李秦
編　　輯	吳元晴、魏紫庭
設　　計	黃郁琇
發 行 人	南部裕
發 行 所	台灣東販股份有限公司 <地址>台北市南京東路4段130號2F-1 <電話>(02)2577-8878 <傳真>(02)2577-8896 <網址>www.tohan.com.tw
郵撥帳號	1405049-4
法律顧問	蕭雄淋律師
總 經 銷	聯合發行股份有限公司 <電話>(02)2917-8022

國家圖書館出版品預行編目（CIP）資料

神解析！西洋名畫中的新約聖經故事/杉全美帆子著；李秦譯. -- 初版. -- 臺北市：臺灣東販股份有限公司, 2022.04
136面；14.8×21公分
ISBN 978-626-329-164-5(平裝)

1.CST: 新約 2.CST: 聖經故事 3.CST: 西洋畫

241.5　　111002673